Música para Acordeom

TRIBUTO A MÁRIO GENNARI FILHO

Arranjos de
Roberto Bueno

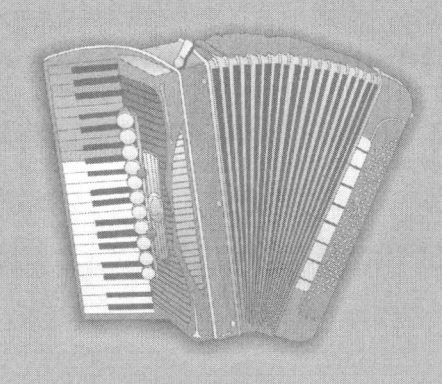

Nº Cat.: 341-A

Irmãos Vitale S.A. Indústria e Comércio
www.vitale.com.br
Rua França Pinto, 42 Vila Mariana São Paulo SP
CEP: 04016-000 Tel.: 11 5081-9499 Fax: 11 5574-7388

© Copyright 2015 by Irmãos Vitale S.A. Ind. e Com. - São Paulo - Brasil
Todos os direitos autorais reservados para todos os países. *All rights reserved.*

créditos

Capa e editoração
Willian Kobata / Eduardo Wahrhaftig

Fotos
Fotos cedidas por Roberto Bueno

Coordenação editorial
Roberto Votta

Produção Executiva
Fernando Vitale

CIP-BRASIL. CATALOGAÇÃO NA FONTE
SINDICATO NACIONAL DOS EDITORES DE LIVROS - RJ.

B944m
Bueno, Roberto, 1944-
  Música para acordeom : tributo à Mario Gennari Filho / Roberto Bueno. - 1. ed. - São Paulo : Irmãos Vitale, 2015.
  68 p. ; 30 cm.

  Inclui bibliografia e índice
  prefácio, introdução
  ISBN 978-85-7407-434-4

  1. Música - Instrução e estudo. 2. Partituras. I. Título.

15-19720   CDD: 780.7
                                                                                             CDU: 78.02

02/02/2015   02/02/2015

índice

Introdução.. 5
Agradecimento.. 6
Preâmbulo... 7
O autor... 8
Teclado para a mão direita... 11
Grafia universal para acordeom...................................... 12
Quadro dos baixos... 13
Os acordes maiores... 14
Os acordes menores.. 15
Os acordes da sétima dominante................................... 16
Os acordes da sétima diminuta...................................... 17

Músicas

Baião Caçula... 21
Brincando de Roda.. 24
Coisinha Boa... 29
Cubanita.. 32
Garota... 34
Maringá... 37
Não Me Toques.. 41
O Cigano... 44
O M da Minha Mão.. 47
Os Pintinhos no Terreiro.. 49
Ta-Hi... 53
Tico-tico no Fubá... 56
Velho Romance.. 60
Zingara.. 63

introdução

Mário Gennari Filho nasceu no Bairro de Santo Amaro em 07/07/1930, na Capital Paulista e faleceu em Junho de 1989. Desde os 8 anos de idade, tocava acordeom, com cerca de 8 anos, ingressou no Rádio, precisamente no dia 06/01/1938, profissionalizando-se na Rádio Bandeirantes, foi descoberto pelo Capitão Barduíno, que o lançou tocando acordeom em seu programa. Dois anos depois, gravou o seu primeiro disco a convite da Columbia, gravou então, a valsa Viajando pela Itália. Da Columbia passou para a Odeon, onde gravou grandes sucessos.

Formou inúmeros instrumentistas no Conservatório que mantinha com a acordeonista Rosane. Além do acordeom foi também solista de violão, piano,, solovox, guitarra havaiana e outros instrumentos de corda. De sua autoria temos O Bolero O M da minha mão, Cubanita, O Baião caçula que foi um de seus maiores sucessos, Garota, e tantos outros. De Joubert de Carvalho gravou a canção em ritmo de bolero denominada Zingara que ficou nas paradas de sucesso por muitos e muitos anos.

Foi um dos campeões de vendagem da etiqueta em 1951 e 1952 e recebeu o troféu mais cobiçado na época Roquete Pinto. Mário Gennari Filho tinha grande prestígio e uma popularidade invejável e está entre os melhores acordeonistas do nosso país, tanto que a gravadora enviou 3 discos para a Rainha Elisabeth da Inglaterra mostrando a qualidade desse músico brasileiro com intuito de divulgar o nosso ritmo.

Após ter saído da Bandeirantes, ingressou na Tupi onde permaneceu por 12 anos. Mais tarde com o aparecimento da televisão começou a apresentar-se em várias emissoras paulistas. Foi ele inclusive quem lançou os cantores Toni Campelo e sua irmã Celi Campelo que foi uma grande intérprete da música jovem cantando Estúpido Cúpido, Banho de Lua e tantas outras.

Casinha pequenina uma canção que foi gravada em ritmo de baião, música esta de domínio público, gravou também outra canção chamada Maringá de Joubert Carvalho gravada também em ritmo de baião, Chuá chuá de Sá Pereira e Ari Pavão outra canção também gravada em ritmo de baião. Obteve grande sucesso tocando a música de Angelo Reale denominada Rã na frigideira. No seu segundo disco pela Columbia de n° 15132 gravou de Zequinha de Abreu o chorinho Os pintinhos no terreiro e de sua autoria o choro Tutti Frutt.

agradecimento

À minha esposa, Aparecida Antolino Bueno,
e a meus filhos, Jéferson Antolino Bueno
e Alessandra Antolino Bueno.

oferecimento

Ofereço esse livro aos meus netos, Rafael e Matheus.

preâmbulo

Segundo alguns historiadores, o povo chinês (que inventou o macarrão, a pólvora, a bússola), inventou também - 3.000 anos a.C. - um instrumento musical chamado "tchneng", uma espécie de órgão de boca tido como precursor do acordeom, que seria inventado no ano de 1829 por Cyrillus Demian, austríaco de Viena que no dia 6 de maio do mesmo ano registrou a patente de um organeto (pequeno órgão) com cinco botões formando cinco acordes, batizando-o com o nome de acordeom.

Em 19 de junho de 1829, sir Charles Wheatstone (em Londres) registra a patente de um instrumento chamado concertina. Esses dois instrumentos fizeram um sucesso imediato. A concertina foi muito difundida entre os marinheiros da Grã-Bretanha e o acordeom encontra milhares de admiradores em todos os países da Europa Central, sendo muito usado em festas populares e folclóricas. No ano de 1836 foi publicado em Viena um dos primeiros métodos para ensino de acordeom. Com visto, o acordeom nasceu muito simples, mas imediatamente teve um extraordinário sucesso em virtude de sua facilidade de uso. Ele consegue a adesão de um crescente número de apreciadores e de pessoas que se empenham em desenvolver e melhorá-lo, ampliando seus parâmetros, dimensionando suas possibilidades.

Conta a história que tudo nasce sempre por acaso. Diz a lenda que certa noite do ano de 1863 um viajante austríaco, voltando do santuário de Nossa Senhora di Loreto, ficou hospedado na casa de Antonio Soprani, um pobre lavrador que vivia em um pequeno sítio próximo à cidade de Castelfidardo, pai de quatro filhos, Settimio, Paolo, Pasquale e Nicola Soprani. O viajante portava um exemplar de um acordeom rudimentar, atraindo rapidamente a curiosidade e o interesse de Paulo Soprani, que tinha na época 19 anos de idade.

Não se sabe como esse instrumento foi parar nas mãos de Paolo. Uns falam que foi dado de presente pelo viajante austríaco em agradecimento pela hospitalidade de Antonio. Outros dizem que teria sido roubado por Paolo. Fato é que Paolo ficou apaixonado pelo instrumento, passou a aperfeiçoá-lo e desenvolveu um novo acordeom. Nasceu então a clássica fisarmônica italiana, que seguiria sendo aperfeiçoada até os dias de hoje, conquistando assim o mundo.

Em 1864, Paolo inicia com seus irmãos Settimo e Pasquale a fabricação dos primeiros acordeons italianos, ainda na casa do sítio. Com o sucesso de vendas crescendo, Paolo constrói em 1872 a primeira grande fábrica no centro da cidade de Castelfidardo. Os primeiros compradores eram ciganos, peregrinos e vendedores ambulantes que visitavam o santuário de Nossa Senhora di Loreto. Cabe ressaltar que paralelamente a Paolo Soprani - em 1876, na cidade de Stradella, província de Pavia - Mariano Dallapè (natural de Trento) inicia uma fabricação artesanal produzindo na época acordeons de altíssima qualidade. Em 1890, ainda em Stradella, é fundada a fábrica Salas pelos sócios Ercole Maga, Dante Barozzi e Guglielmo Bonfoco. Também no mesmo período nasce a fábrica Fratelli Crosio e a Cooperativa Armoniche. No início dos anos 1900 outro pólo produtivo nasce em Vercelli. Todas essas indústrias se desenvolveram e cresceram muito, aperfeiçoaram e exportaram acordeons por todo o mundo. Nesse momento, começa a ser introduzido no Brasil os primeiros exemplares trazidos pela imigração italiana e alemã, parte ficando em São Paulo, e outros em Santa Catarina e Rio Grande do Sul.

O acordeom no Brasil foi muito difundido. Na década de 1950 era comum encontrar dois acordeons na mesma casa. Esse instrumento com várias configurações se adaptou a cultura de todos os povos do globo, tanto na música popular folclórica quanto na erudita. Nos anos 1960, com o advento do movimento da música rock, o acordeom perdeu muito de sua força e muitas fábricas faliram (só no Brasil, nas regiões Sul e Sudeste, existiam cerca de 32 fábricas). Hoje não resta nenhuma. Contudo, ainda são fabricados na Itália acordeons modernos e sofisticados, e com certeza essa cultura não vai perecer, pois hoje esse instrumento está difundido e apreciado em todas as classes sociais, em festas populares e em teatros com orquestras, executando belíssimas peças de concertos por exímios acordeonistas amadores e profissionais. Este é um pequeno resumo da história do acordeom.

o autor

- Prêmio Quality – Troféu Bandeirantes.
- Jurado do 3º Festival Internacional Roland de Acordeon.
- Homenageado em Sessão Solene em 19 de junho de 2009 pela Assembleia Legislativa de São Paulo.
- Diplomado pelo Sinaprem em 2 de maio de 2009.
- Troféu Homenagem Clube Piratininga (SP).
- Certificado da Banda da Polícia Militar do Estado de São Paulo (SP).
- Diplomado pelo Conservatório de Música Alberto Nepomuceno.
- Professor pela American Accordionists' Association de Nova York.
- Professor pela União Brasileira de Acordeonistas Professor A. Franceschini.
- Diplomado pelo Instituto de Música do Canadá.
- Atual presidente da Ordem dos Músicos do Brasil – Conselho Regional do Estado de São Paulo.
- Recebeu diploma de Honra ao Mérito da Escola de I e II Graus Professor João Borges (SP).
- Certificado de alta interpretação pianística realizada na galeria Traço Cultural (SP).
- Comenda pela Ordem Civil e Militar dos Cavaleiros do Templo pelos serviços prestados à comunidade.
- Conselheiro federal da Ordem dos Músicos do Brasil.
- Acordeonista da AACD (Associação de Assistência à Criança Deficiente).
- Troféu Ordem dos Músicos do Brasil em 1988.
- Placa de Prata pela Asociación de Música de España, Madrid.
- Embaixador do Tango no Brasil, com certificado da cidade de San Cristóbal, província de Santa Fé, na República Argentina.
- Certificado de Honra ao Mérito pelo Lions Club de São Paulo (SP).
- Diploma e Medalha de Mérito Profissional em Música pela Abach (Academia Brasileira de Arte, Cultura e História) (SP).
- Diploma e medalha pela Sociedade Brasileira de Heráldica e Humanística (SP).
- Medalha José Bonifácio de Andrada e Silva (o Patriarca).
- Diploma de membro titular e Medalha da República, conferidos pela Abach (Academia Brasileira de Arte, Cultura e História) (SP).
- Certificado da empresa jornalística Metropolitana S.A.
- Membro dos Amigos de Lomas, da Argentina.
- Atual diretor administrativo da Associação dos Acordeonistas do Brasil.
- Diretor do Conservatório Nacional de Cultura Musical.
- Regente do coral da Icab (Igreja Católica Apostólica Brasileira).
- Regente do American Orthodox Catholic Church.
- Regente do Grupo Robert – International Music.
- Leciona melodia, harmonia e bateria para o curso técnico de jurados do Grupo Especial e do Grupo de Acesso da Liga das Escolas de Samba e União de Escolas de Samba de São Paulo.

O Acordeom

Teclado para mão direita

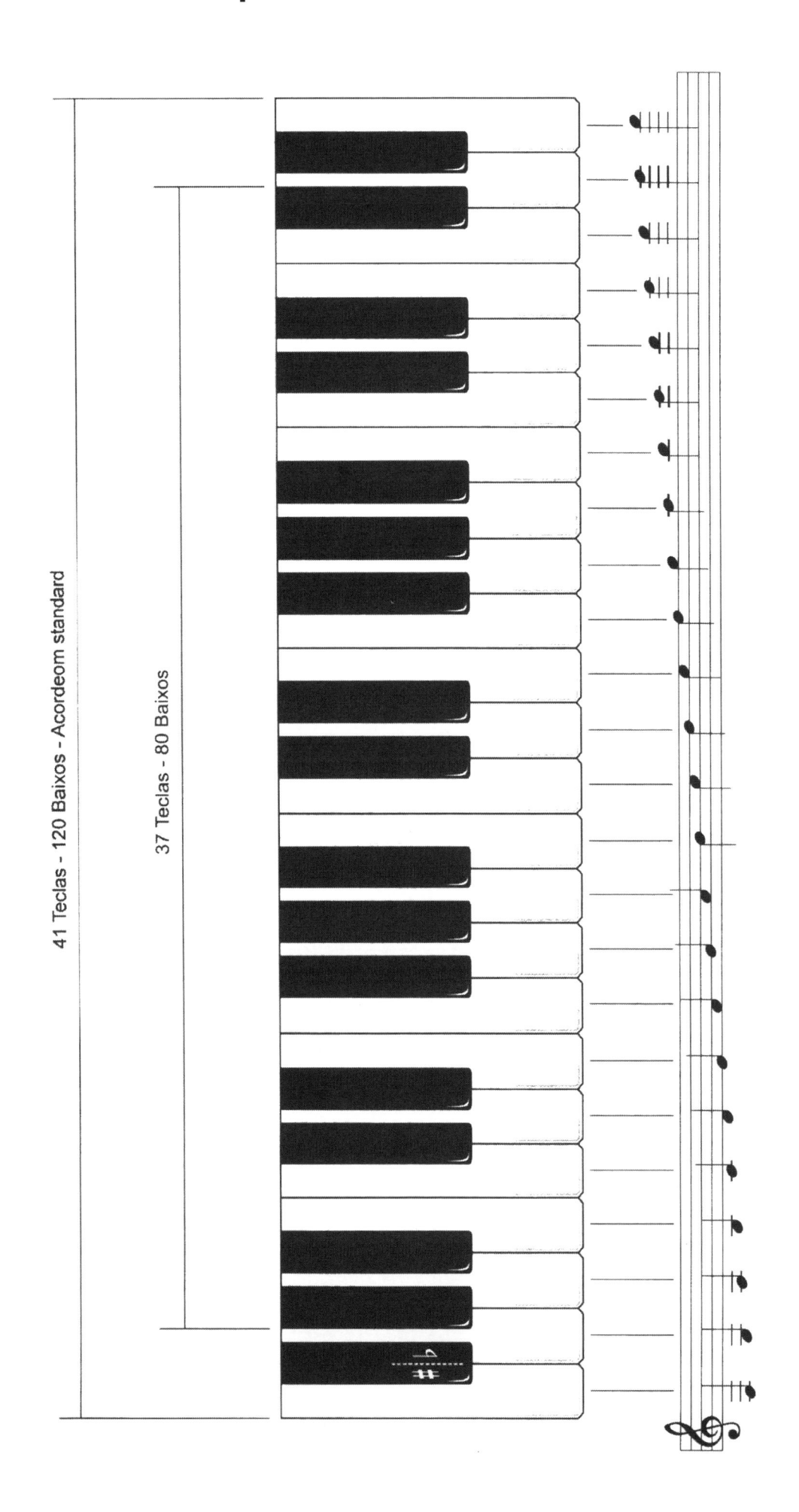

Grafia Universal para Acordeom

Mão esquerda usa a clave de Fá (4ª linha). Mão direita, clave de Sol.
   As notas para os baixos são apresentadas no 2º espaço para baixo, abrangendo a extensão da oitava inferior de Dó grave até Dó médio, assim:

   Os acordes para a mão esquerda são indicados por meio de notas únicas (a tônica do acorde), abrangendo a extensão da oitava superior do Ré médio até Ré agudo, assim:

Uma única letra sobreposta à nota indica a espécie de acorde, assim:

M - acorde Maior;
m - acorde menor;
7 - acorde de sétima dominante;
d - acorde de sétima diminuída.

   As passagens de baixos podem ser escritas nas duas oitavas. Podem ser ultrapassadas quando houver a indicação das letras B.S. (*Basso Soli*), assim:

   Um tracinho (_) por baixo de uma nota destinada à mão esquerda indica "contrabaixo", o que se coloca de preferência por baixo do número do dedo, assim:

O abrir e o fechar do fole são indicados por setas dispostas desta maneira:

Abrir o fole   Fechar o fole (volta)

Quadro dos Baixos
(Mão esquerda)

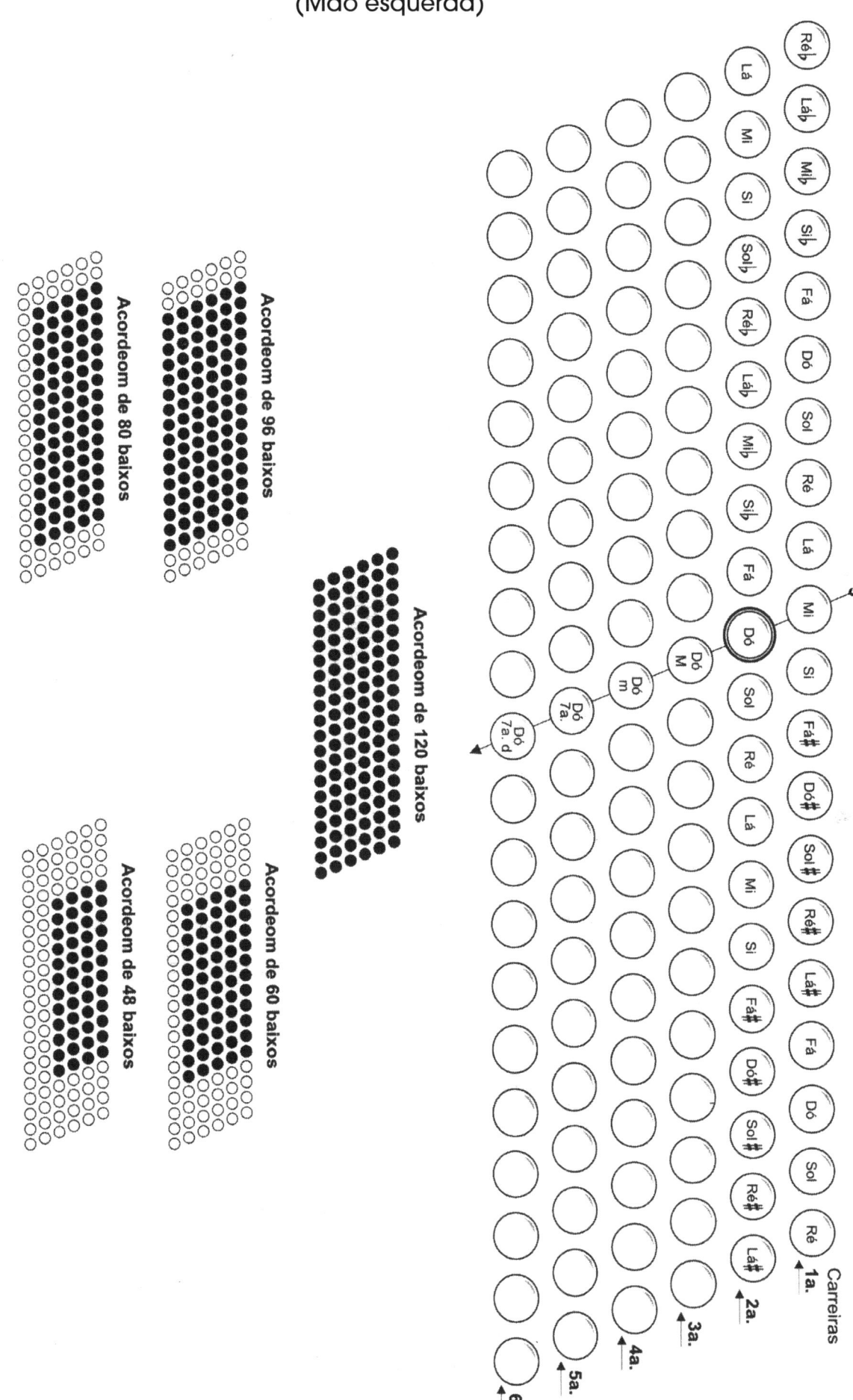

Acordeom de 80 baixos

Acordeom de 96 baixos

Acordeom de 120 baixos

Acordeom de 48 baixos

Acordeom de 60 baixos

Carreiras: 1a. 2a. 3a. 4a. 5a. 6a.

1a.: Réb, Láb, Mib, Sib, Fá, Dó, Sol, Ré, Lá, Mi, Si, Fá#, Dó#, Sol#, Ré#, Lá#, Fá, Dó#, Sol#, Ré#, Lá#

2a.: Lá, Mi, Si, Solb, Réb, Láb, Mib, Sib, Fá, Dó, Sol, Ré, Lá, Mi, Si, Fá#, Dó#, Sol#, Ré#

3a. (linha diagonal): Dó 7a.d, Dó 7a., Dó m, Dó M, Dó, Sol, Ré, Lá, Mi, Si

Os Acordes Maiores

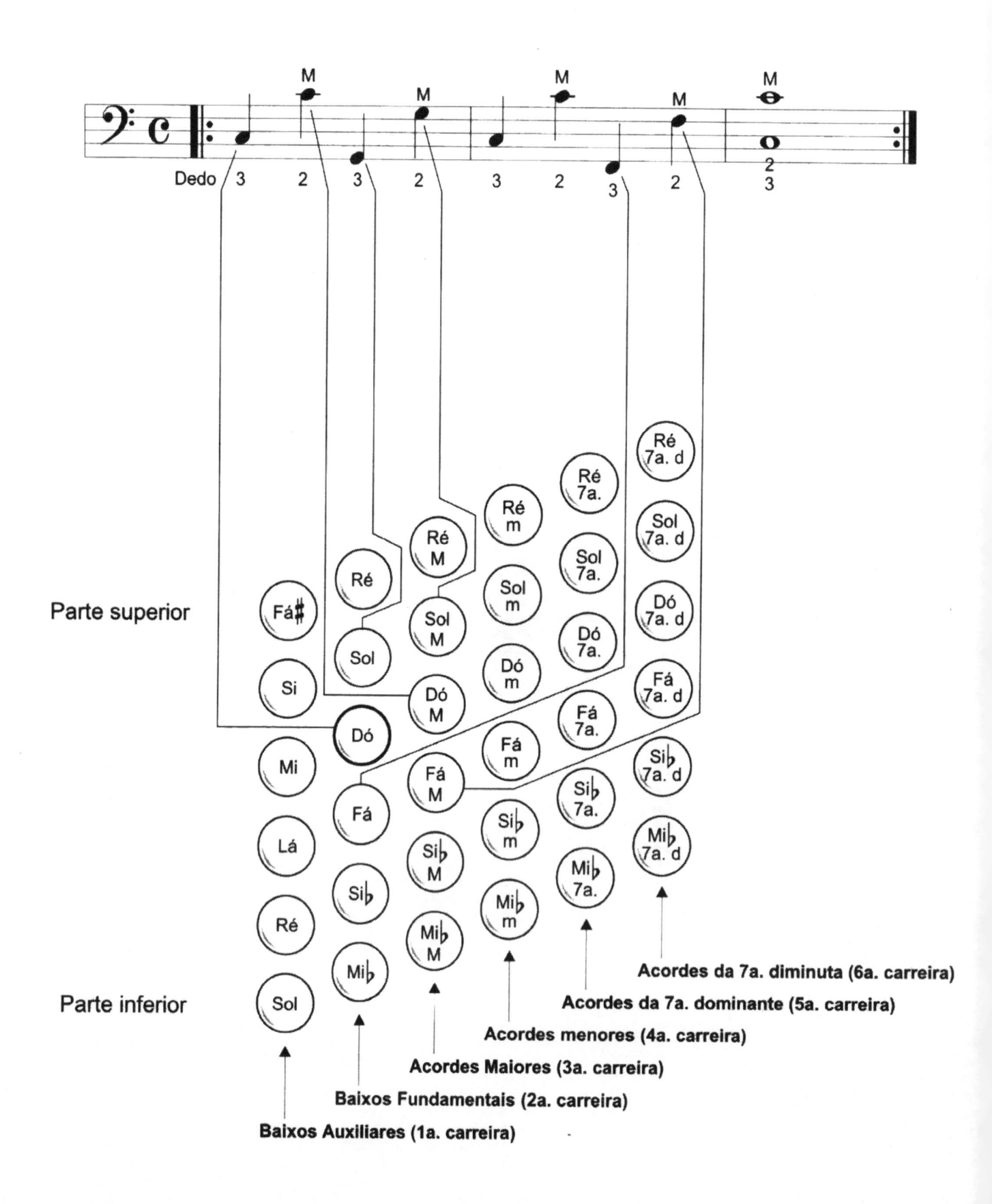

Parte superior

Parte inferior

Acordes da 7a. diminuta (6a. carreira)
Acordes da 7a. dominante (5a. carreira)
Acordes menores (4a. carreira)
Acordes Maiores (3a. carreira)
Baixos Fundamentais (2a. carreira)
Baixos Auxiliares (1a. carreira)

Os Acordes Menores

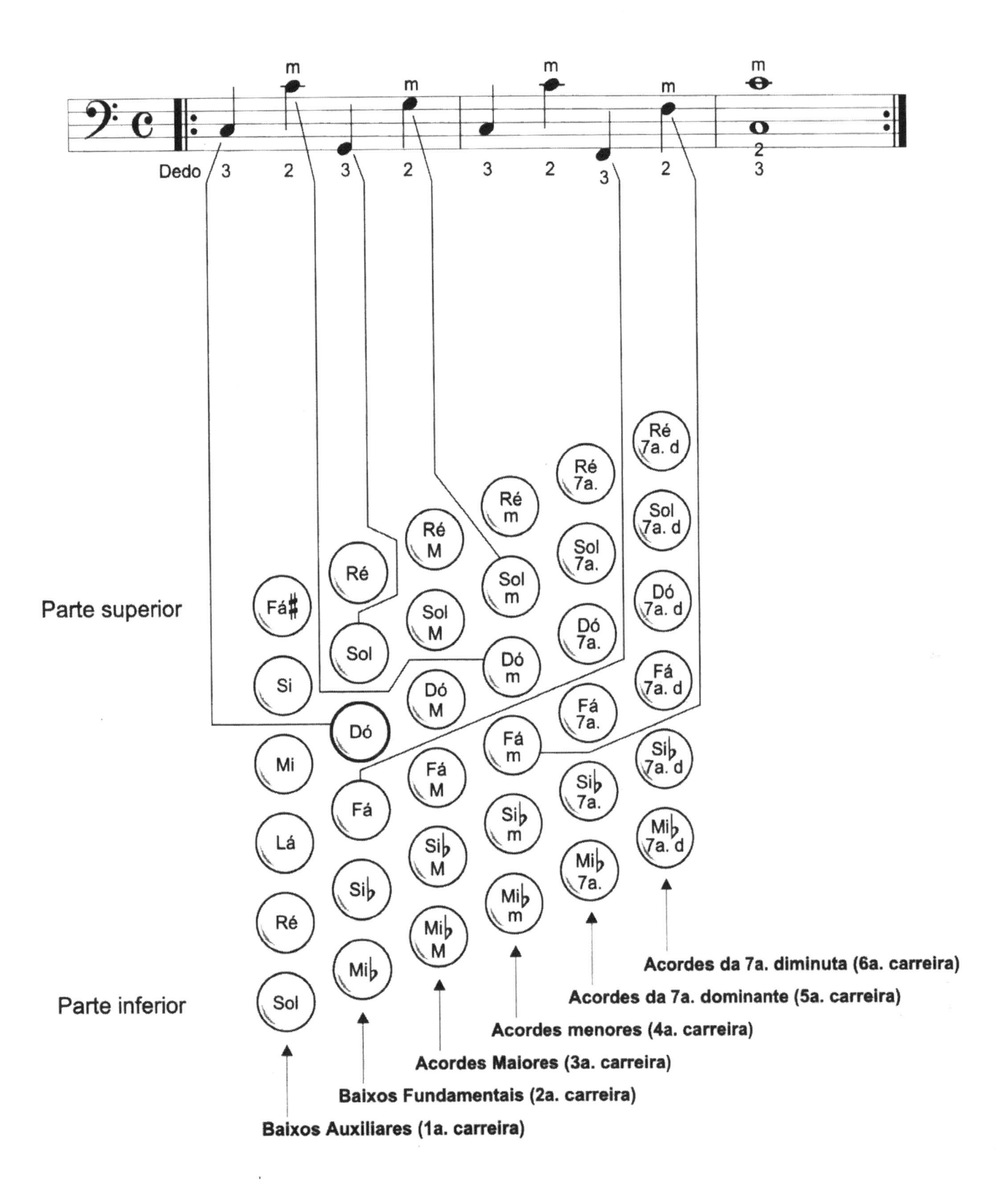

Parte superior

Parte inferior

Acordes da 7a. diminuta (6a. carreira)
Acordes da 7a. dominante (5a. carreira)
Acordes menores (4a. carreira)
Acordes Maiores (3a. carreira)
Baixos Fundamentais (2a. carreira)
Baixos Auxiliares (1a. carreira)

Os Acordes da Sétima Dominante

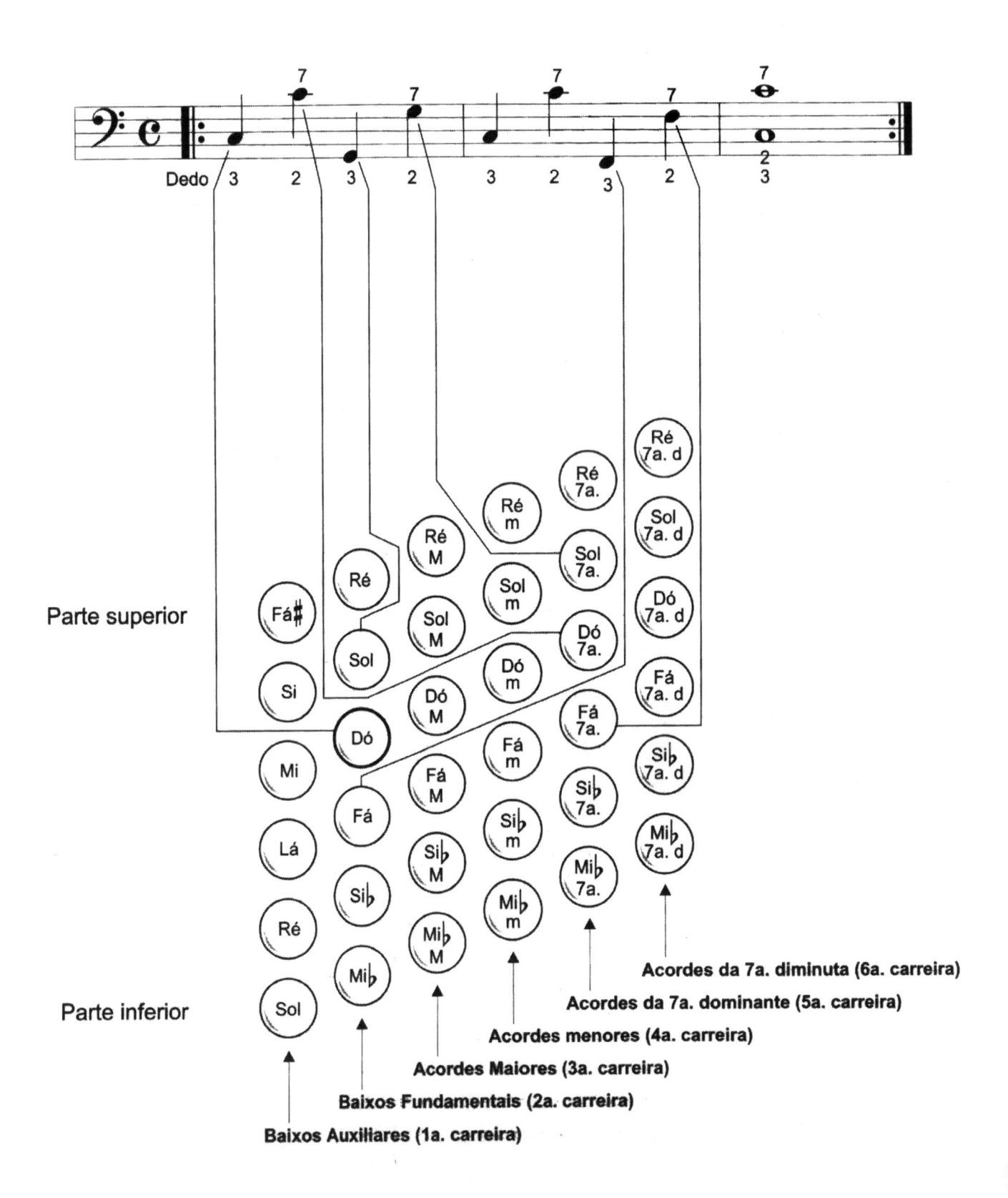

Os Acordes da Sétima Diminuta

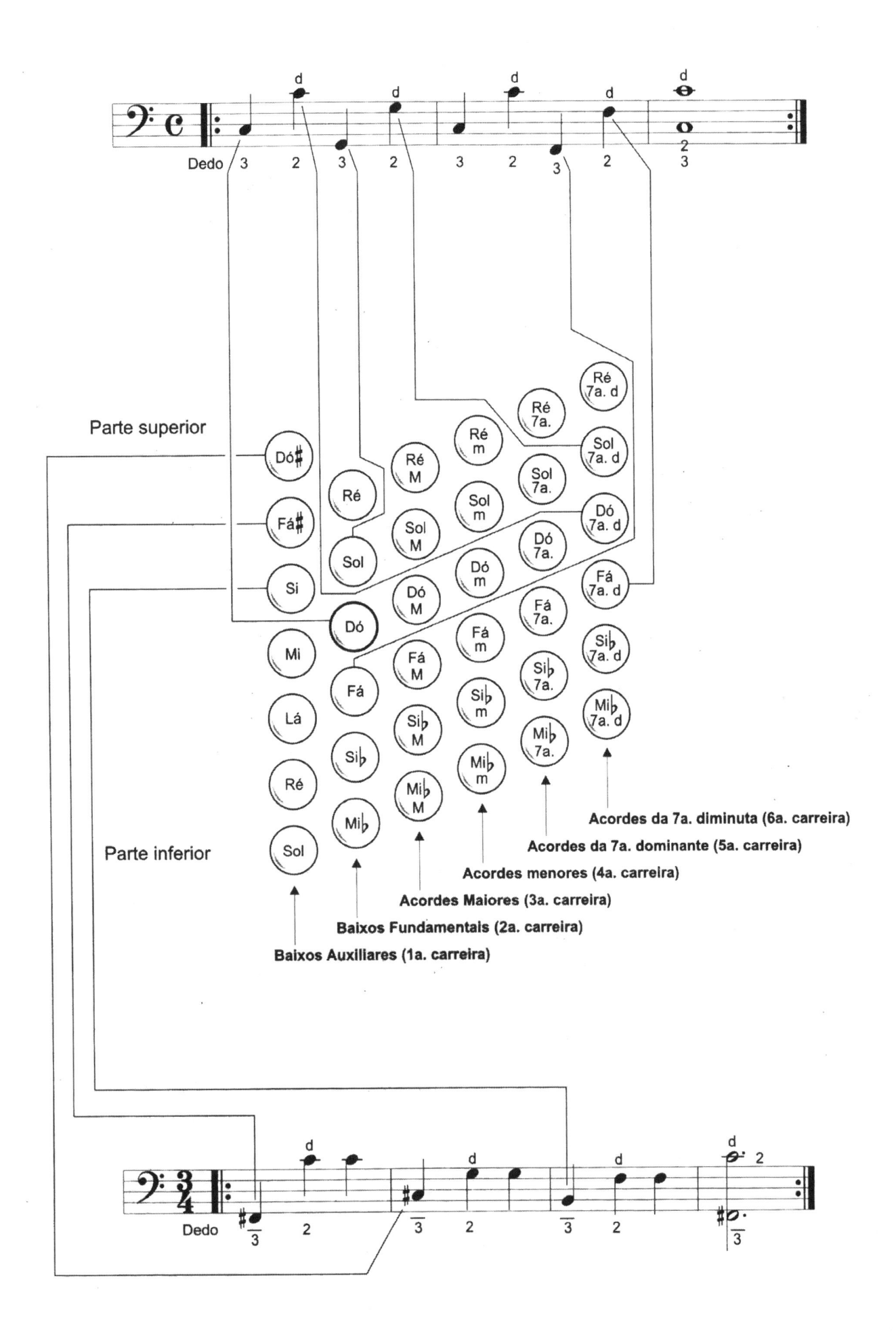

Mário Gennari Filho

Alencar Terra

Mario Mascarenhas

Paschoal Melillo

Mario Mascarenhas e Conchita Mascarenhas

Uccio Gaeta

Carmela Bonano (Zezinha)

Charles Magnante

Pietro Deiro

Pietro Frosini

Ondina T. S. Magalhães

Baião Caçula
Toada Baião

Arranjo p/ acordeom: Prof. Roberto Bueno

Mário Gennari Filho e Felipe Tedesco

Copyright © 1953 by Irmãos Vitale S.A. Indústria e Comércio (100%).

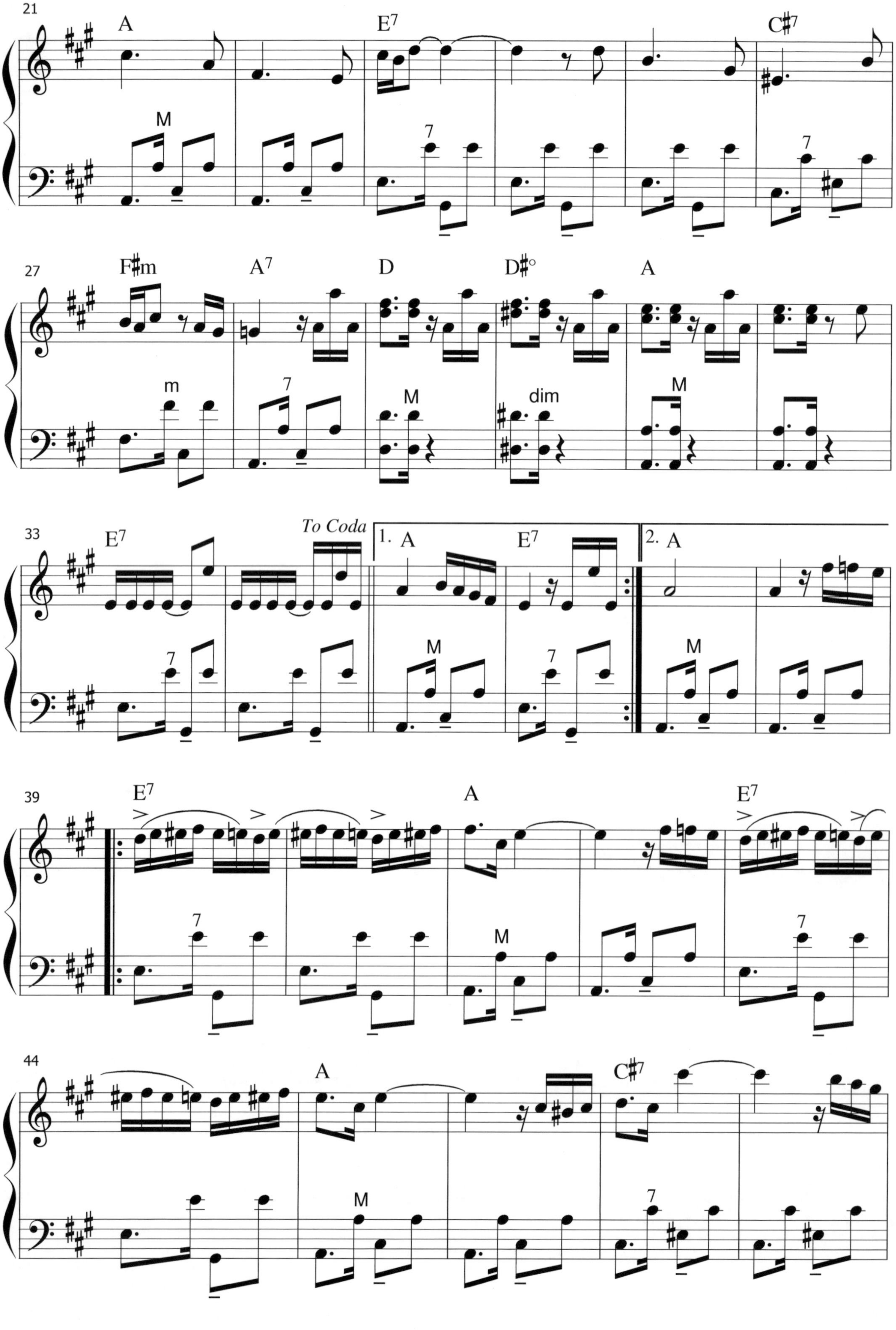
21
A
E7
C#7
M
7
27
F#m
A7
D
D#°
m
dim
33
E7
To Coda
1. A
2. A
39
44

49
F♯m
G♯7
1.
C♯7
m
7
7
54
2.
C♯7
F♯m
E7
D.S. al Coda
7
m
7
Coda
58
A
D
Bm
M
M
m
62
E7
A
7
M

Brincando de Roda
Baião

Arranjo p/ acordeom: Prof. Roberto Bueno

Mário Gennari Filho

Copyright © 1953 by Irmãos Vitale S.A. Indústria e Comércio (100%).

23
C
G7
1.C
2.C
M
7
M
M
29
G7
C
G7
7
M
7
35
1.C
2.G7
C
G7
M
7
M
7
40
Cm
m
46
Fm
Cm
m
m

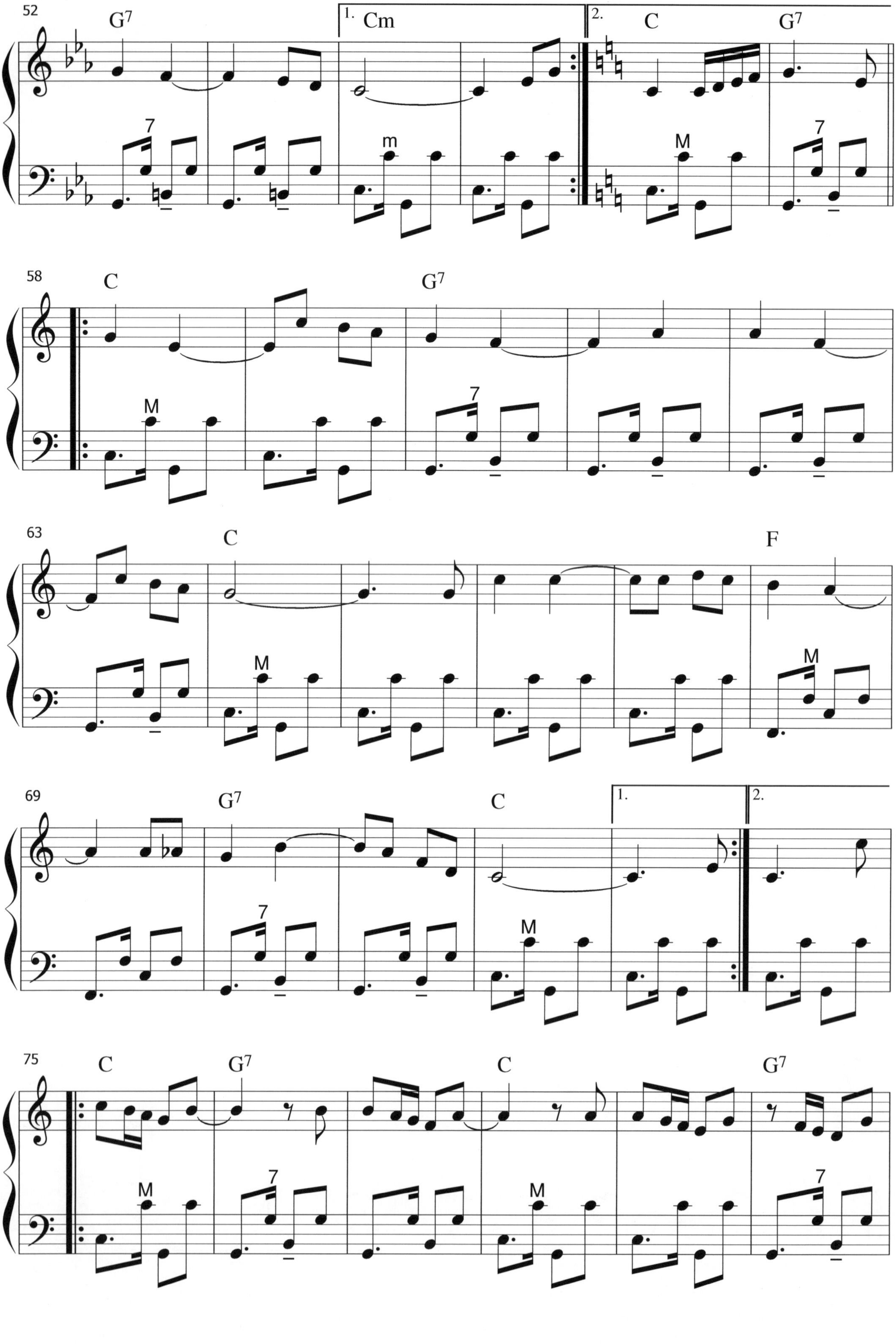
52 G7 1. Cm 2. C G7
7 m M 7
58 C G7
M 7
63 C F
M M
69 G7 C 1. 2.
7 M
75 C G7 C G7
M 7 M 7

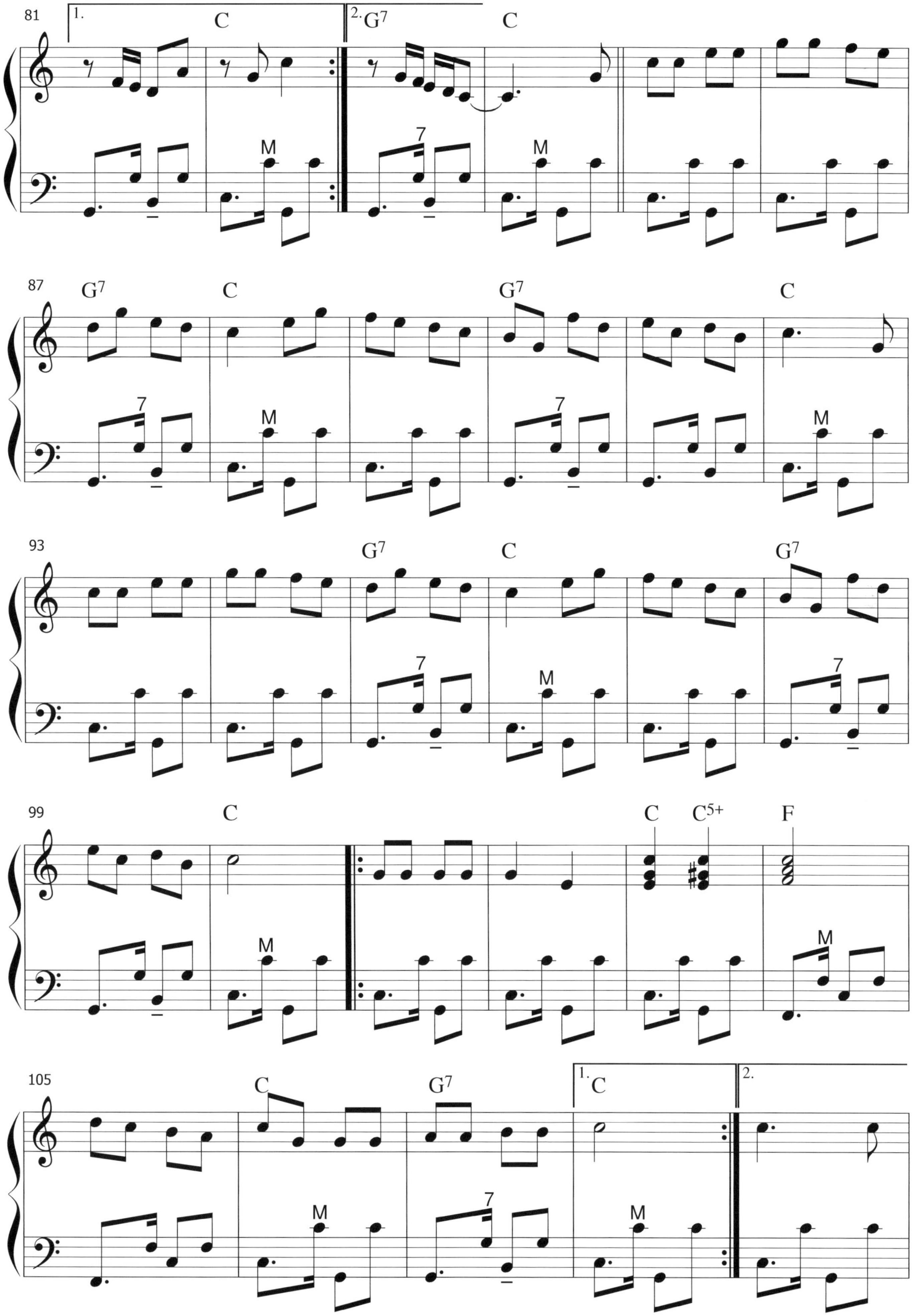
81
1.
C
2. G7
C
7
M
87
G7
C
G7
C
93
G7
C
G7
99
C
C
C5+
F
105
C
G7
1. C
2.

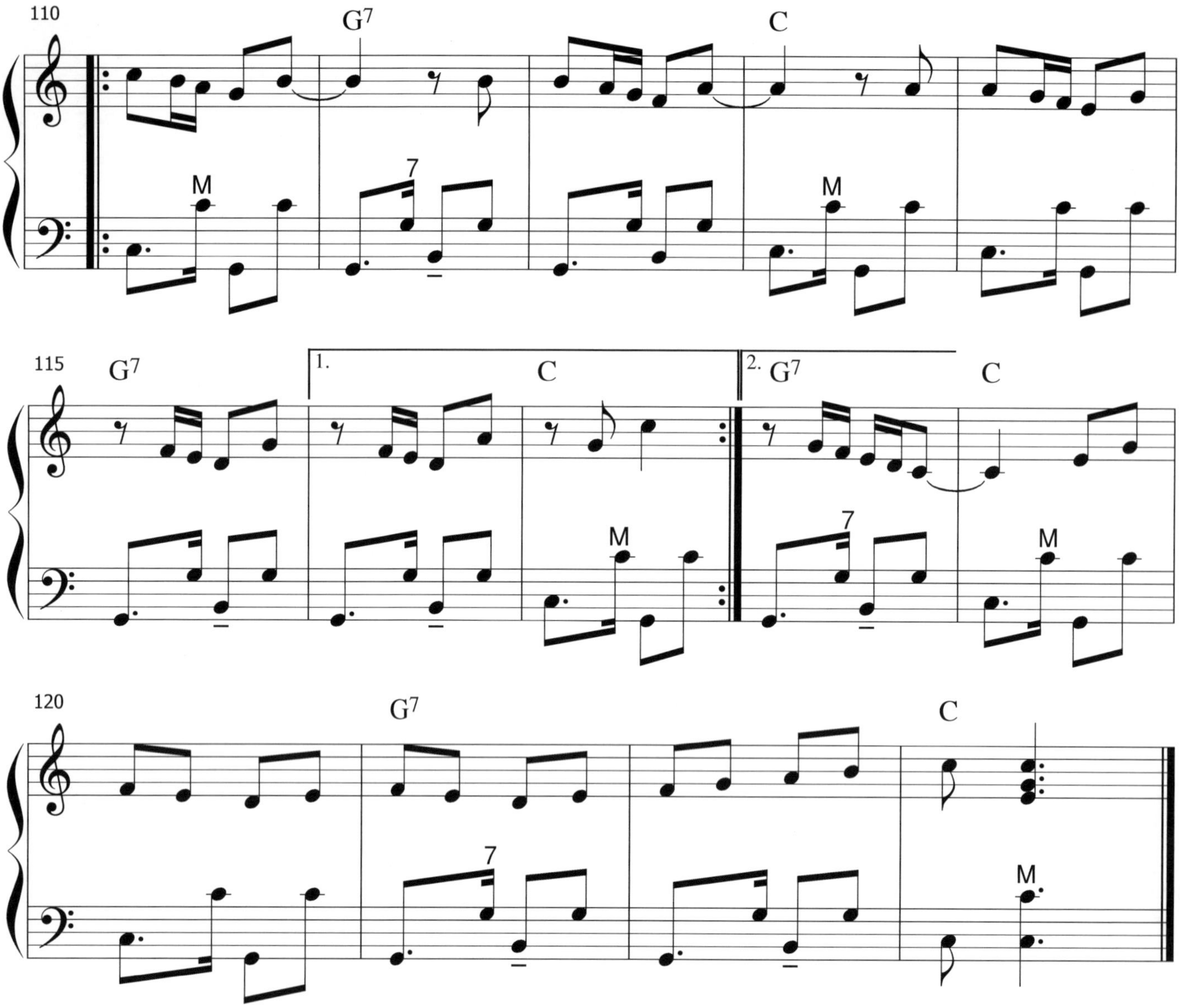
110
G7
C
M
7
M
115
G7
1.
C
2. G7
C
M
7
M
120
G7
C
7
M

Coisinha Boa
Baião

Arranjo p/ acordeom: Prof. Roberto Bueno

Joubert de Carvalho

Copyright © 1959 by Irmãos Vitale S.A. Indústria e Comércio (100%).

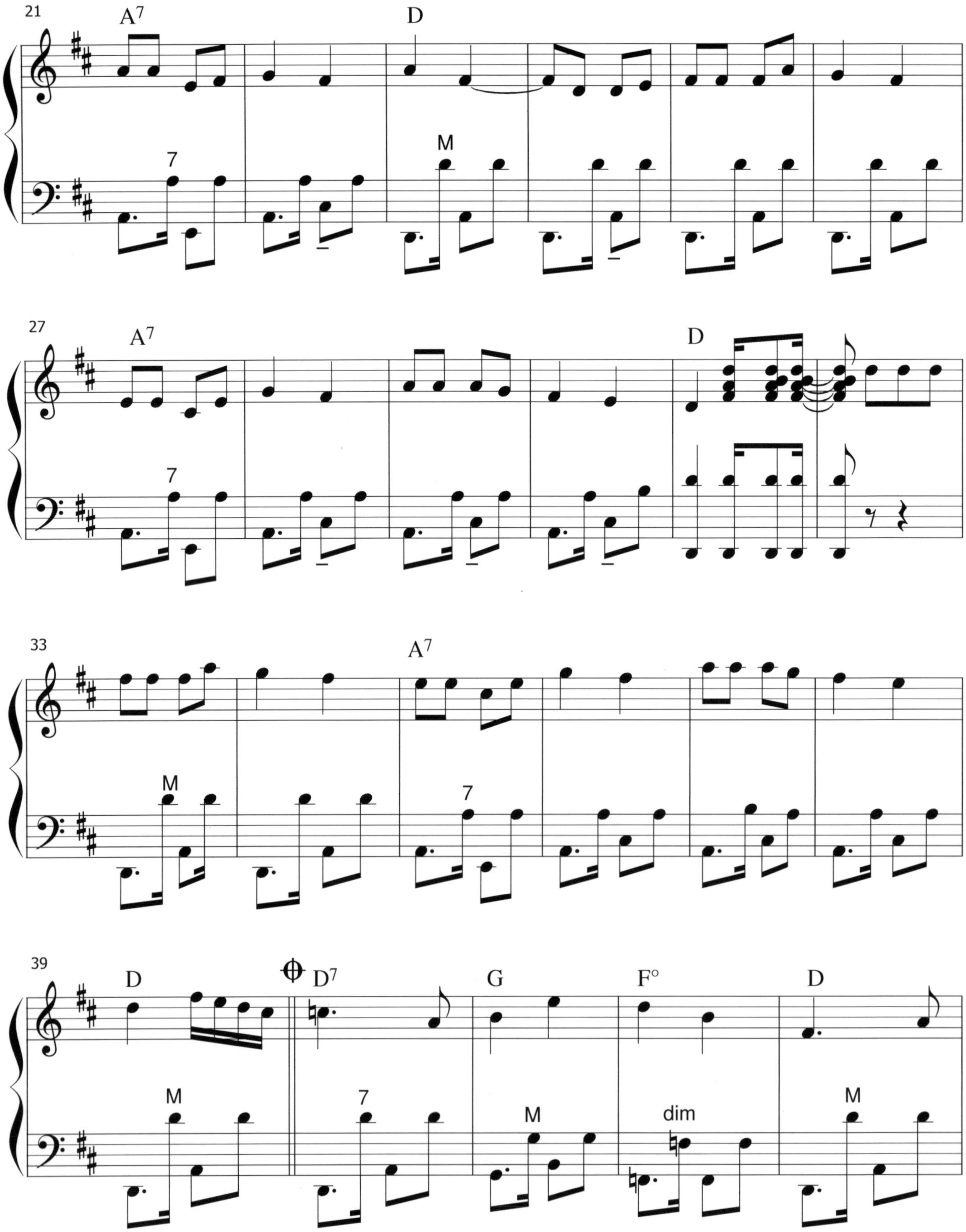
21
A7
D
7
M
27
A7
D
7
33
A7
M
7
39
D
D7
G
F°
D
M
7
M
dim
M

44
A7
D
D7
7
M
49
G
F°
D
A7
M
dim
M
7
54
D
1.
A7
Ao Coda
2.
D7
M
7
D.S. ao Coda
58
Coda
D
M

Cubanita
Rumba

Arranjo p/ acordeom: Prof. Roberto Bueno

Mário Gennari Filho

Copyright © 1944 by Irmãos Vitale S.A. Indústria e Comércio (100%).

23
Dm
B♭
A7
1.
2.
m
M
28
D
A7
M
7
33
D
D7
M
7
38
G
A7
1. G
D
M
7
M
M
43
A7
2.
D
Dm
D.C. al Coda
7
M

Garota
Baião

Arranjo p/ acordeom: Prof. Roberto Bueno

Mário Gennari Filho

Copyright © 1952 by Irmãos Vitale S.A. Indústria e Comércio (100%).

17
Em
F♯7
Bm
1.
m
7
m
21
B7
E7
7
7
25
2. Bm
Dm
A
m
m
M
29
E7
A
C♯7
F♯m
7
M
7
m
33
C♯7
D7
C♯7
D
7
7
7
M

Garota do meu coração
Você é a grande sensação
Assim o meu amor me diz
E faz com que eu
Me sinta tão feliz
Garota do meu coração
Você é a grande sensação
O amor então me invade de prazer
Ouvindo ele dizer para mim:

Na vida eu muito amei
E outros lábios beijei
Porém igual a você,
Garota, eu nunca encontrei
O seu sorriso de flor
Inflama o meu coração
Razão porque, meu amor,
Você é a sensação

Maringá
Baião

Arranjo p/ acordeom: Prof. Roberto Bueno

Joubert de Carvalho

Copyright © 1932 by Irmãos Vitale S.A. Indústria e Comércio (100%).

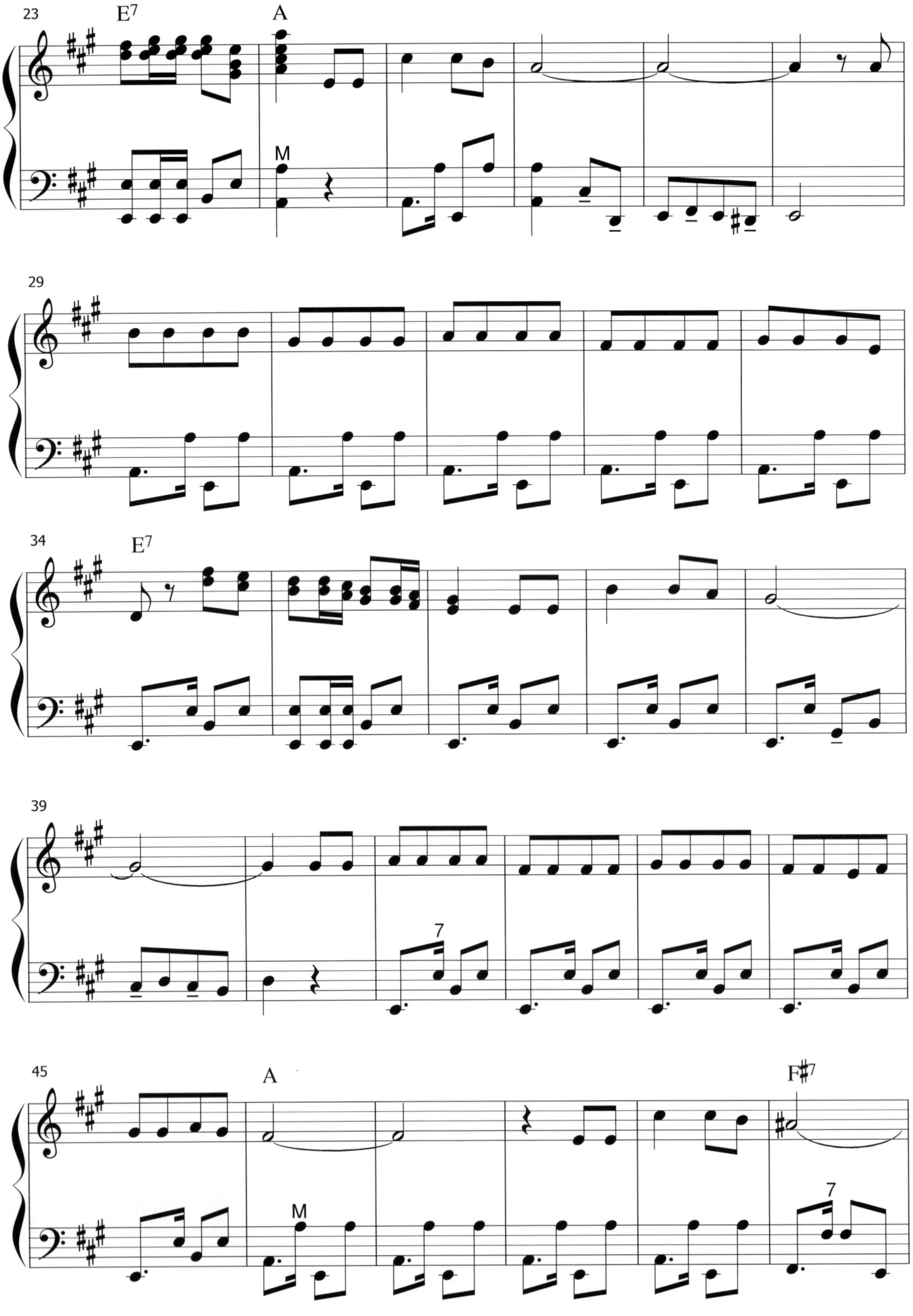
23
E7
A
M
29
34
E7
39
7
45
A
M
F♯7
7

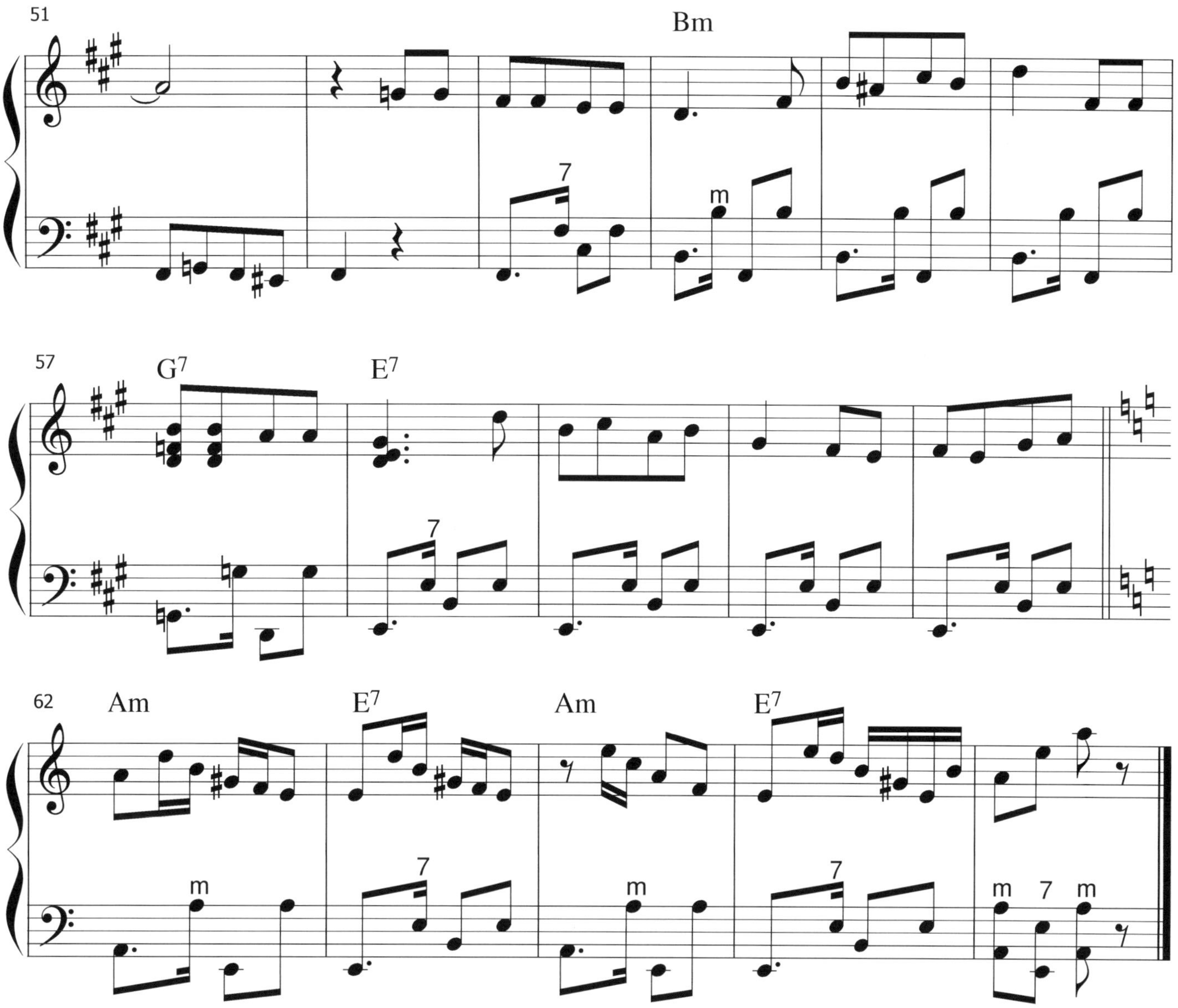
51
Bm
7
m
57
G7
E7
7
62
Am
E7
7
Am
m
E7
7
m 7 m

Foi numa léva
Que a cabocla Maringá
Ficou sendo a retirante
Que mais dava o que falá.

E junto dela
Veio alguem que suplicou
Prá que nunca se esquecesse
De um caboclo que ficou.

Antigamente
Uma alegria sem igual
Dominava aquela gente
Da cidade de Pombal.

Mas veio a seca
Toda chuva foi-se embora
Só restando então as água
Dos meus óio quando chóra.

ESTRIBILHO
Maringá, Maringá,
Depois que tu partiste,
Tudo aqui ficou tão triste,
Que eu garrei a maginá:

Maringá, Maringá,
Para havê felicidade,
É preciso que a saudade
Vá batê noutro lugá.

Maringá, Maringá,
Volta aqui pro meu sertão
Pra de novo o coração
De um caboclo assossegá.

Não Me Toques
Choro

Arranjo p/ acordeom: Prof. Roberto Bueno

Zequinha Abreu

D.P.

15
Am
E7
1. Am
2. Am
m
7
m
m
19
E7
Am
E7
Am
7
m
7
m
23
Dm
Am
E7
1. Am
m
m
7
m
27
2. Am
Coda
Am
A
fine
m
e
m
M
31

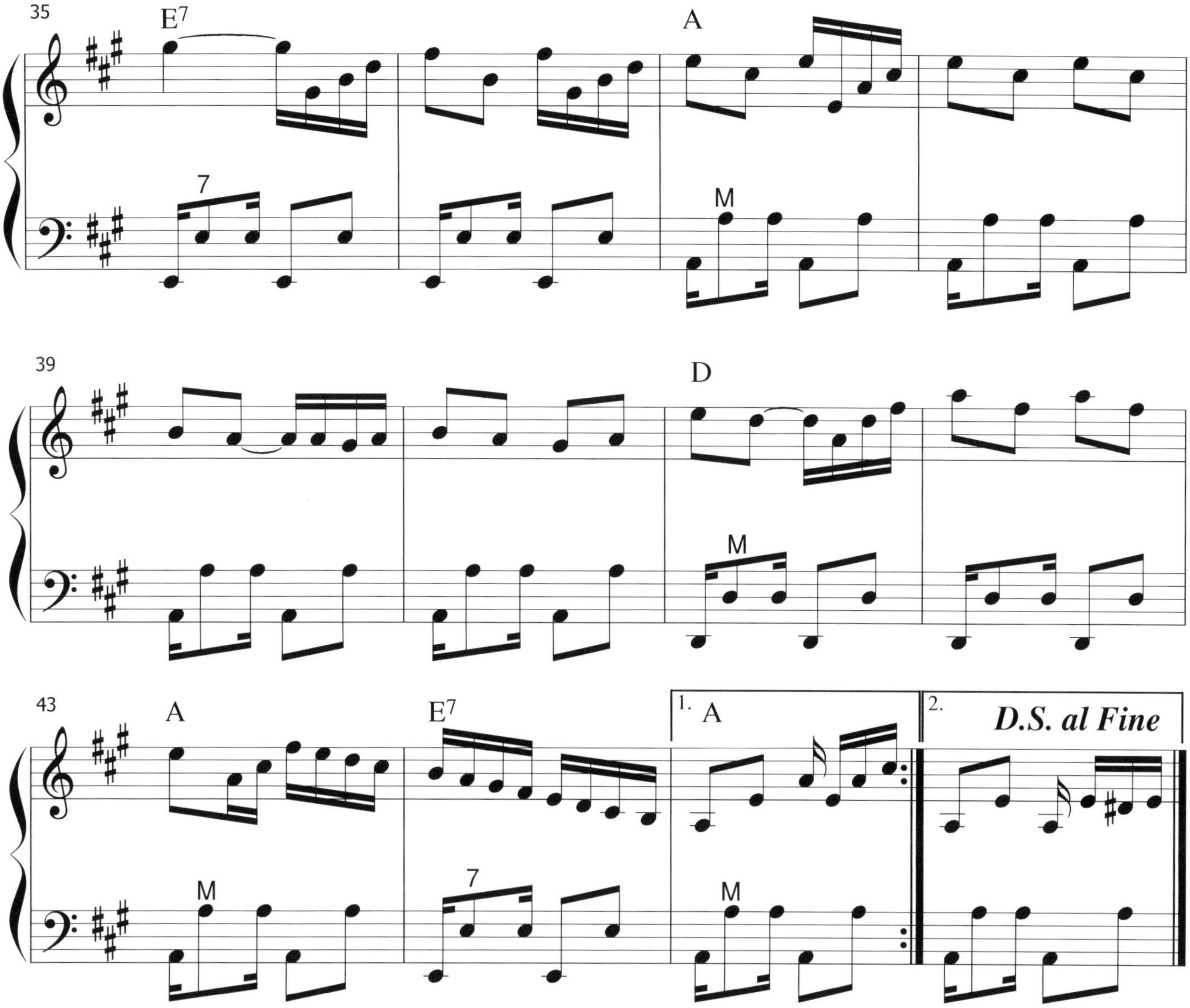
35
E7
A
7
M
39
D
M
43
A
E7
1. A
2.
D.S. al Fine
M
7
M

O Cigano
Bolero

Arranjo p/ acordeom: Prof. Roberto Bueno

Marcelo Tupynambá e João do Sul

Copyright © 1956 by Irmãos Vitale S.A. Indústria e Comércio (100%).

20
Dm
Gm
Dm
m
m
m
25
E7
A
Dm
B♭
Dm
7
M
m
M
M
m
30
Gm
Dm
A
m
m
M
35
Dm
C7
F
C7
F
m
7
M
7
M
40
F
F
B♭
F
B♭m
M
M
M
M
M
m

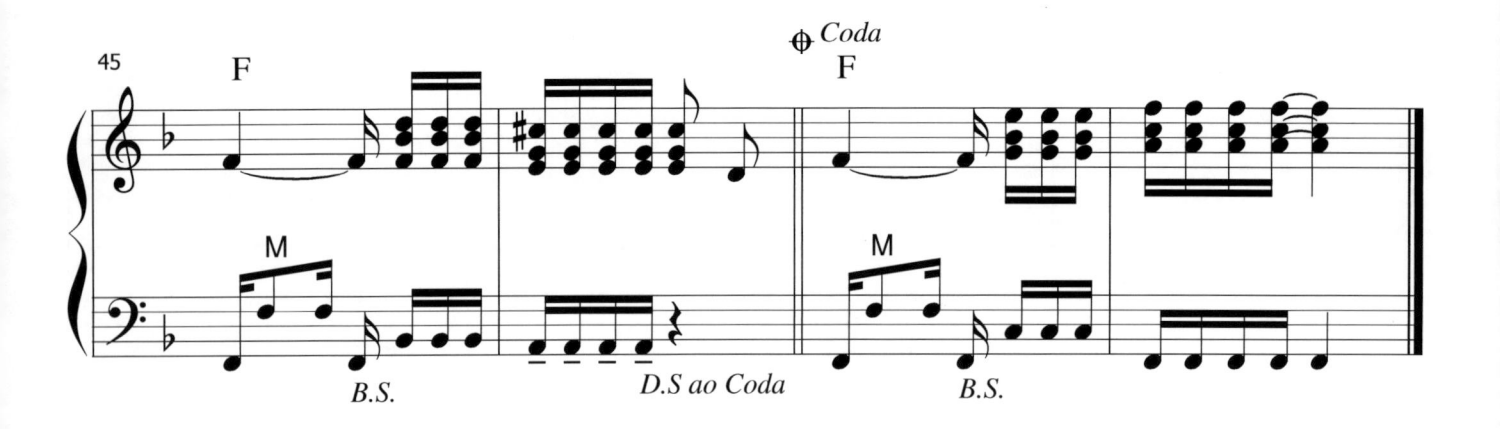

Um dia,
Eu em Andaluzia,
Ouvi, um cigano a cantar,
Havia,
No canto a nostalgia,
De castanholas batidas ao luar,
Mas era,
A canção tão singela,
Que eu julguei para mim,
E agora,
Que minh'alma te chora,
Ouve bem, a canção que era assim:

REFRÃO
O amor,
Tem a vida da flor,
Não sonhe alguém,
Do seu sonho o
colher...
Pois bem,
Como acontece à flor,
O lindo amor,
Principia a morrer.

Cigano,
Que sabias o engano,
Por que me fizeste tão mal?
Não fora,
A canção traidora,
E o meu sonho seria eternal!
Quem há de fugir,
A realidade,
Vem desmentir a ilusão?
E hoje,
Que o teu beijo me foge,
Cantarei,
Do cigano, a canção!

O M da Minha Mão
Bolero

Arranjo p/ acordeom: Prof. Roberto Bueno

Mário Gennari Filho

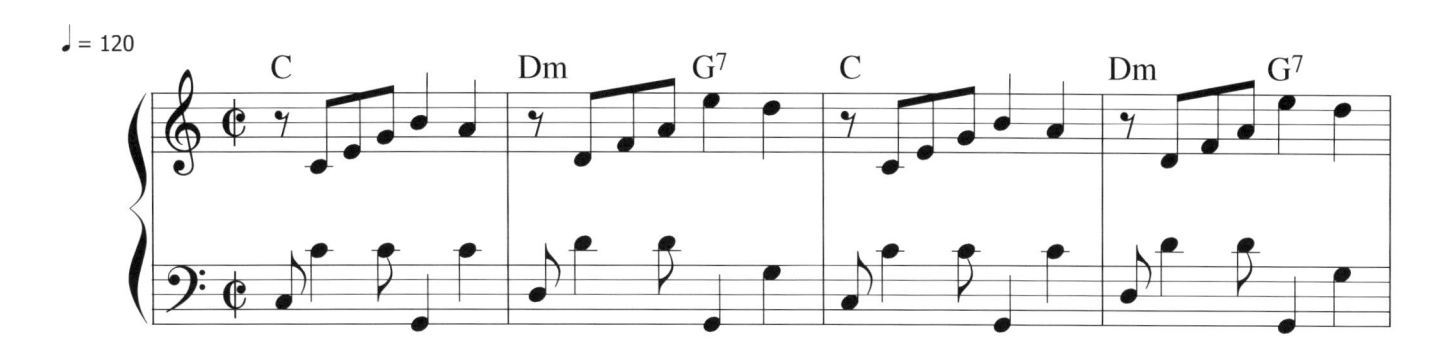

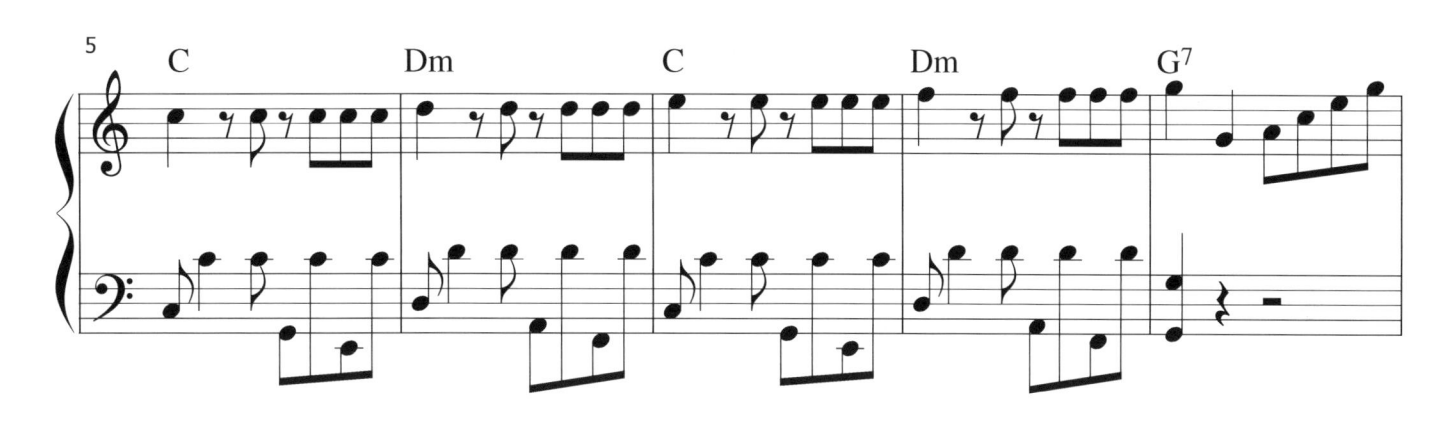

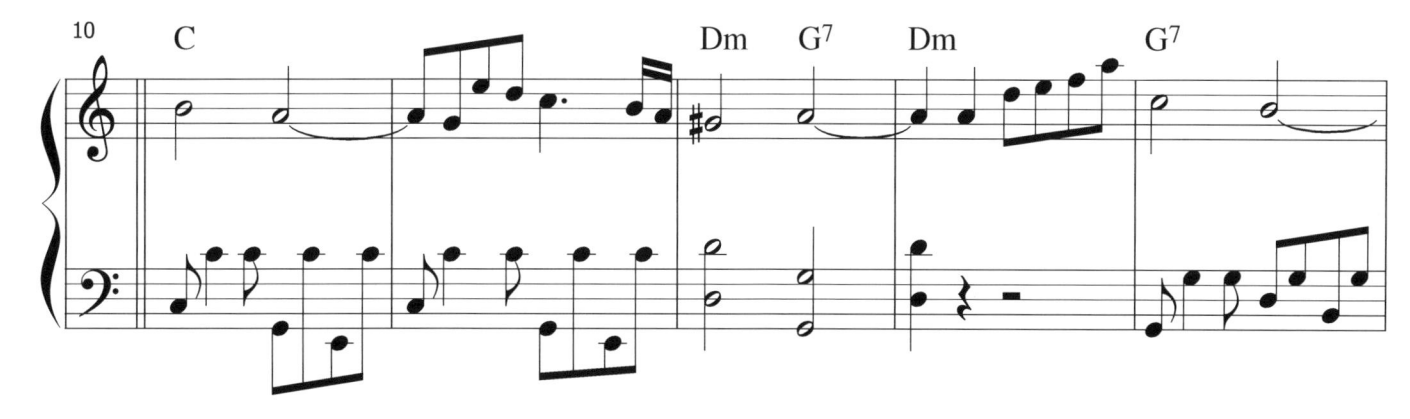

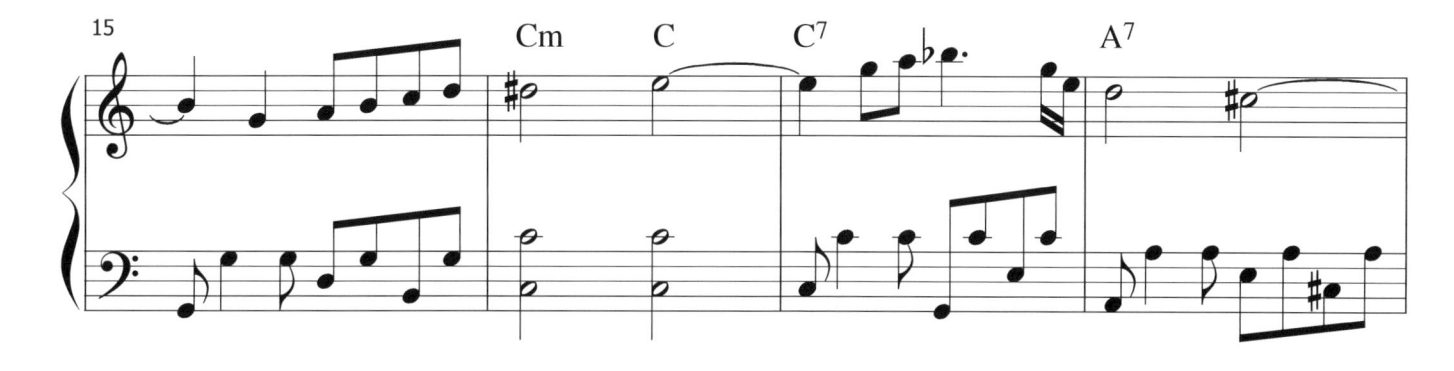

♩ = 120

Copyright © 1951 by Irmãos Vitale S.A. Indústria e Comércio (100%).

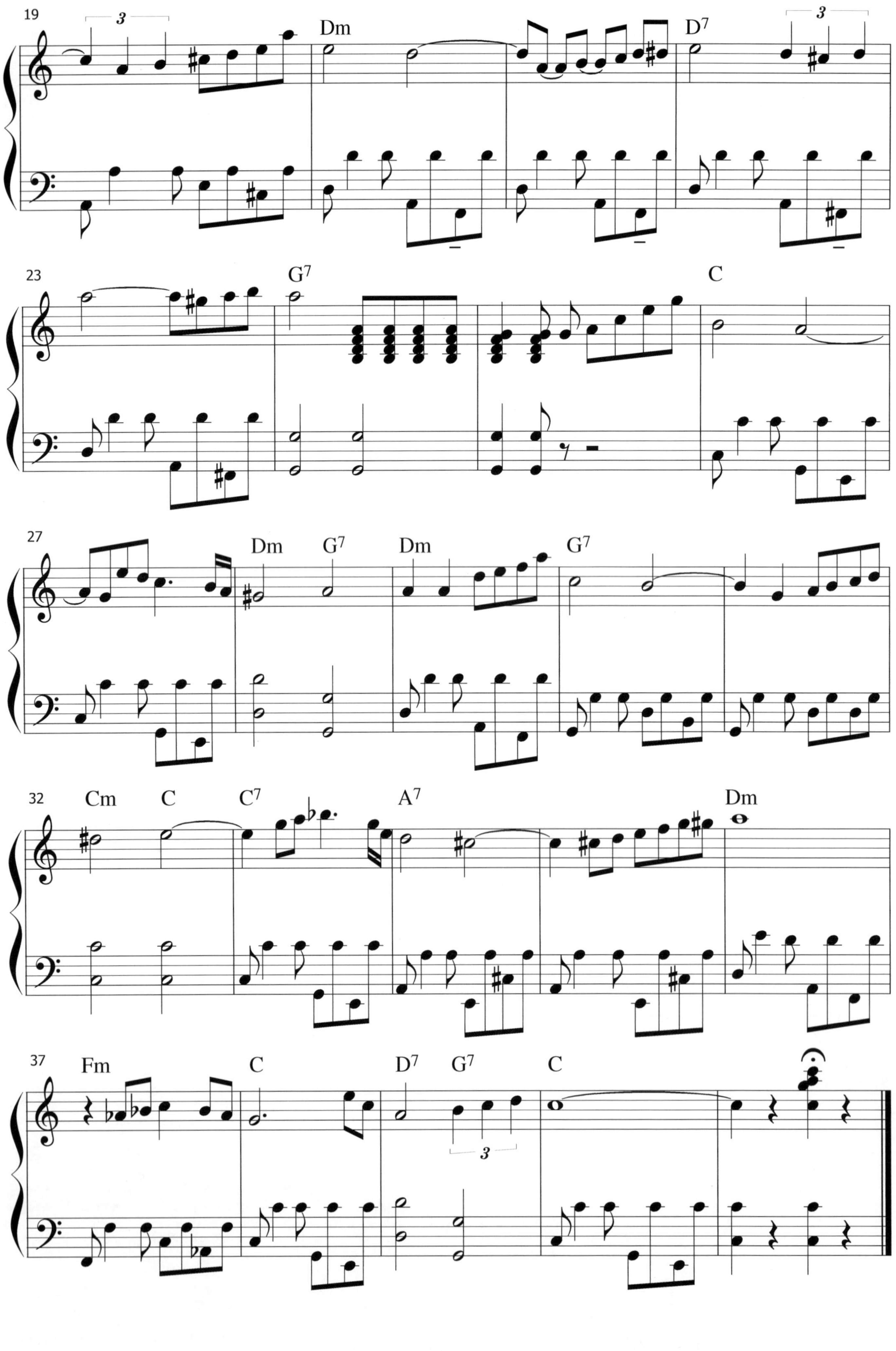
19
Dm
D7
23
G7
C
27
Dm
G7
Dm
G7
32
Cm
C
C7
A7
Dm
37
Fm
C
D7
G7
C

Os Pintinhos no Terreiro
Choro-Sapeca

Arranjo p/ acordeom: Prof. Roberto Bueno

Zequinha Abreu e Eurico Barreiros

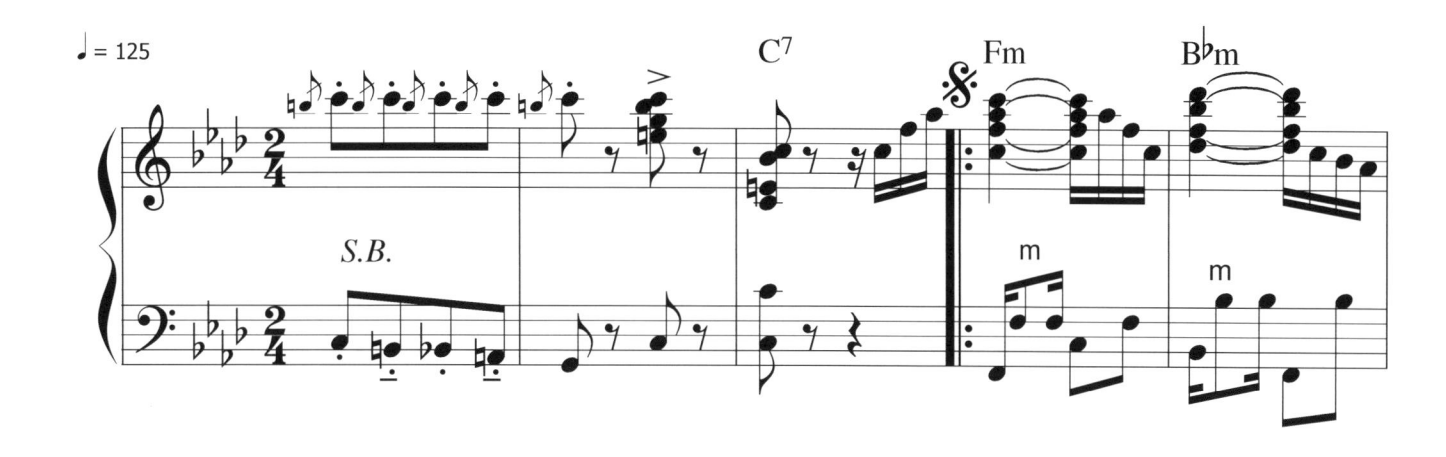

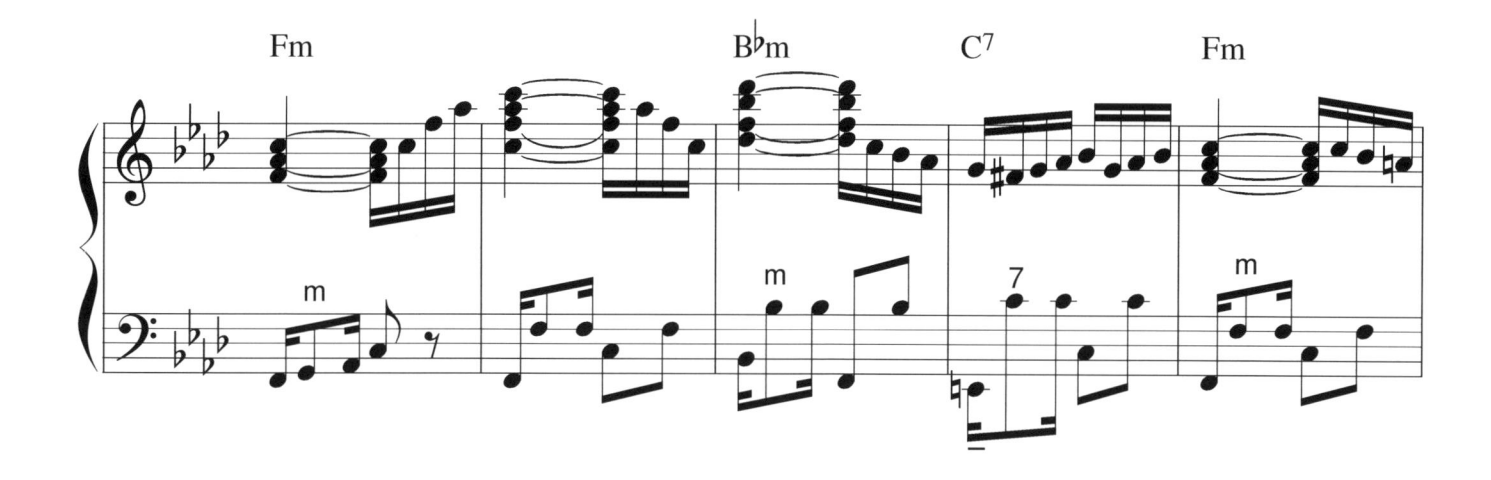

Copyright © 1931 by Irmãos Vitale S.A. Indústria e Comércio (100%).

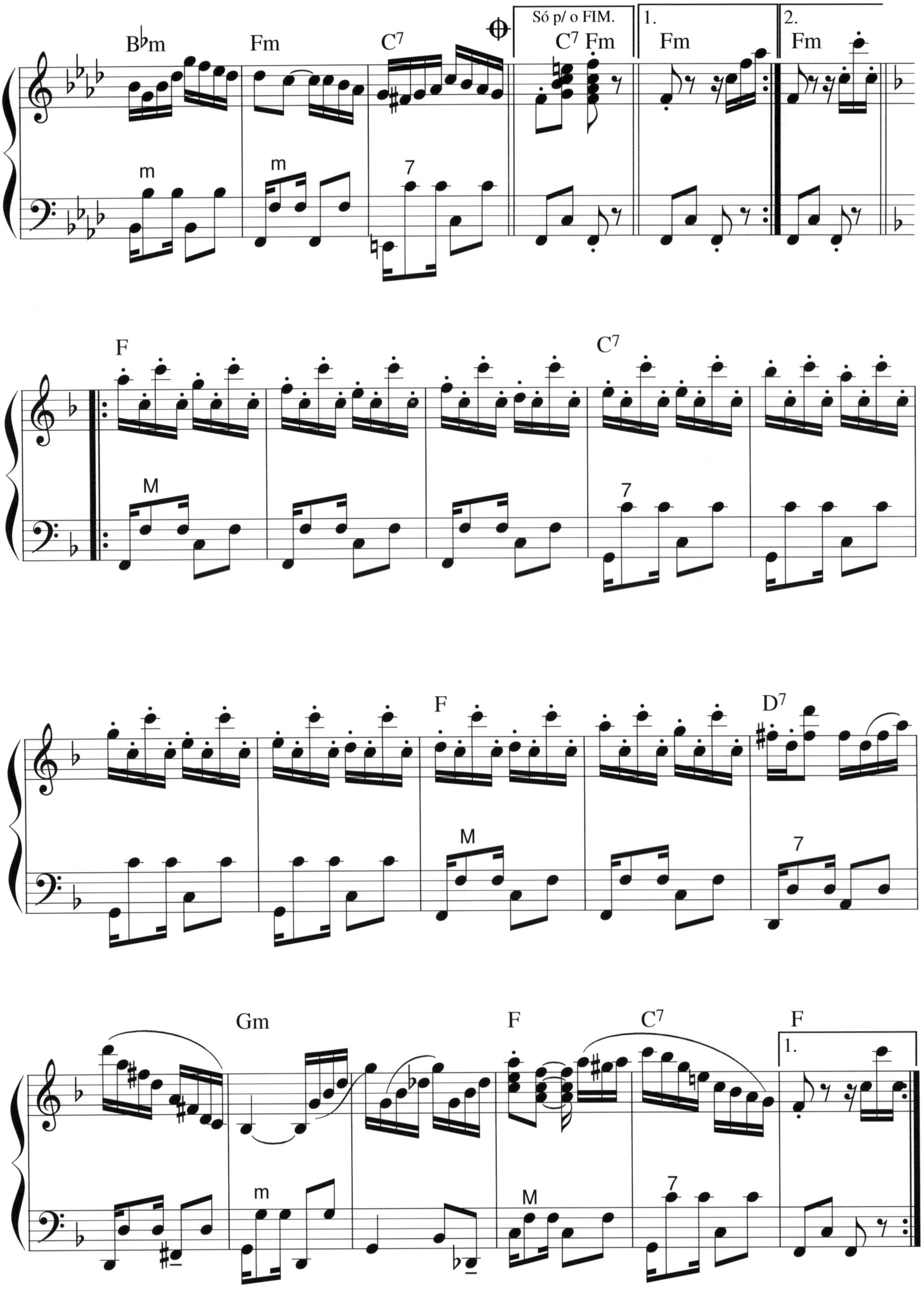
B♭m
Fm
C7
Só p/ o FIM.
C7 Fm
1.
Fm
2.
Fm
m
m
7
F
C7
M
7
F
D7
M
7
Gm
F
C7
F
1.
m
M
7

2. F
Coda
D.S. ao Coda
F
M
C7
7
F
M
F7
7
D7
7
Gm
m
C
C7
M
7
F
M
C7
7
1. F
2.
D.S. ao Fim

1º PARTE
Lá no terreiro
Oh! Que berreiro!
Pintinho só
Ciscam o pó
Todos contentes
Esperam ver
Para comer
Lindas sementes
Galinha vem
Catar no chão
Iscas de pão
Assim também
Do galinheiro
Muito faceiro
Um galo sai
Lá vem o pai
Sem ter carinhos
Aos pintinhos
Ele não liga
Mas a galinha
Boa mãesinha
Com ele briga

2º PARTE
Você que tem?
Não lhes quer bem?
Ingratidão
Assim não vi
Todos aqui
Teus filhos são
Atrapalhado
Envergonhado
O galo então
Pede perdão
Ela tão boa
Tudo perdoa
Já ligeiro
No puleiro
O galo lá um pulo dá
Gritando só
Có-ró-có-có
Os pintos já
Querem papá
Para comer
O galo então
Pula no chão
Para ir ver
A galinha vem

3º PARTE
Procurar também
Então ela vê
Não sei o que
Cá-rá-cá-cá
Já para cá
Qui-ri-qui-qui
Aqui aqui
Todos então
Na chispada vão
Aquilo ver
Para comer
O que se vê?
O que será?
Oié1
Oh! Que festão
Melhor que pão
Aranha é.

4º PARTE
Lá no terreiro
Oh! Que berreiro!
Pintinho só
Ciscam o pó
Todos contentes
Esperam ver
Para comer
Lindas sementes
Galinha vem
Catar no chão
Iscas de pão
Assim também
Do galinheiro
Muito faceiro
Um galo sai
Lá vem o pai
Gritam juntinhos
Os pintinhos
Olhem ali
É a Ely
Que traz na mão
O nosso pão.

Ta-Hi
(Pra Você Gostar de Mim)
Baião

Arranjo p/ acordeom: Prof. Roberto Bueno

Joubert de Carvalho

Copyright © 1950 by Irmãos Vitale S.A. Indústria e Comércio (100%).

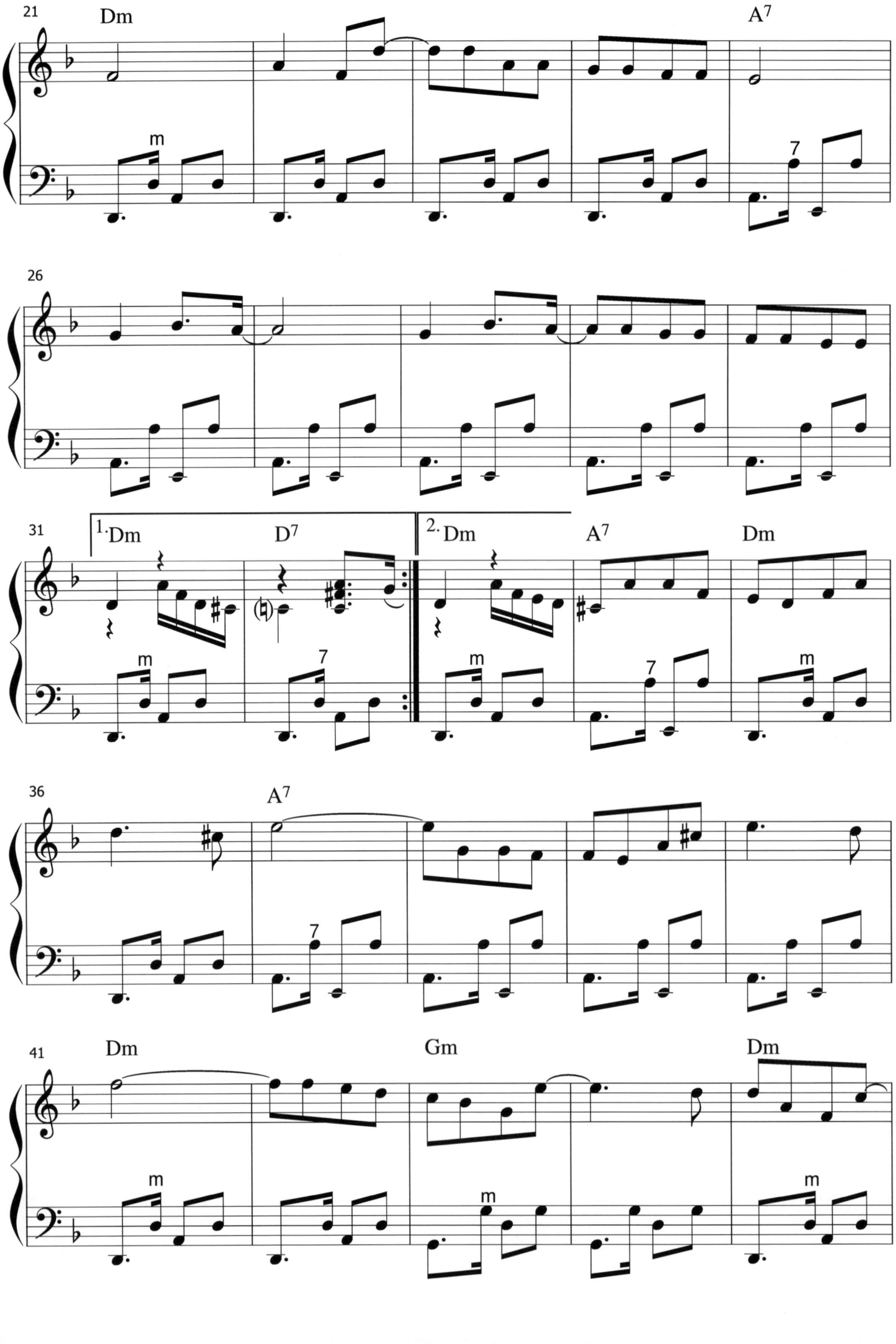
21
Dm
A7
m
7
26
31
1. Dm
D7
2. Dm
A7
Dm
m
7
m
7
m
36
A7
7
41
Dm
Gm
Dm
m
m
m

Ta-hi
Eu fiz tudo p'ra você gostar de mim
Oh meu bem
Não faz assim comigo não
Você tem, você tem
Que me dar seu coração

Essa história de gostar de alguém
Já é mania que as pessoas tem
Se me ajudasse Nosso Senhor
Eu não pensaria só no amor.

Tico-tico no Fubá
Choro Sapeca

Arranjo p/ acordeom: Prof. Roberto Bueno

Zequinha Abreu e Eurico Barreiros

Copyright © 1931 by Irmãos Vitale S.A. Indústria e Comércio (100%).

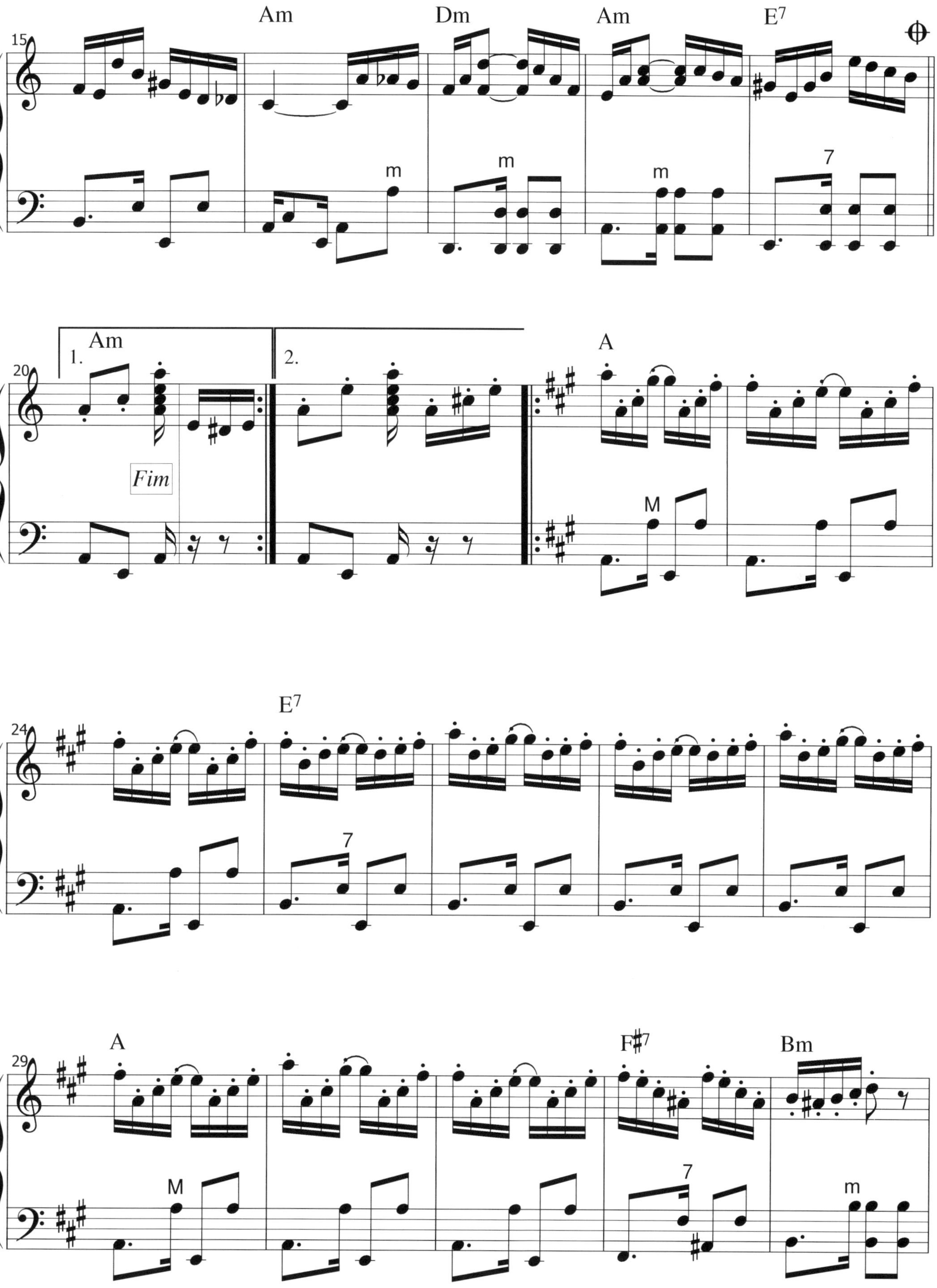
15
Am
Dm
Am
E7
m
m
m
7
20
Am
1.
2.
Fim
A
M
24
E7
7
29
A
F#7
Bm
M
7
m

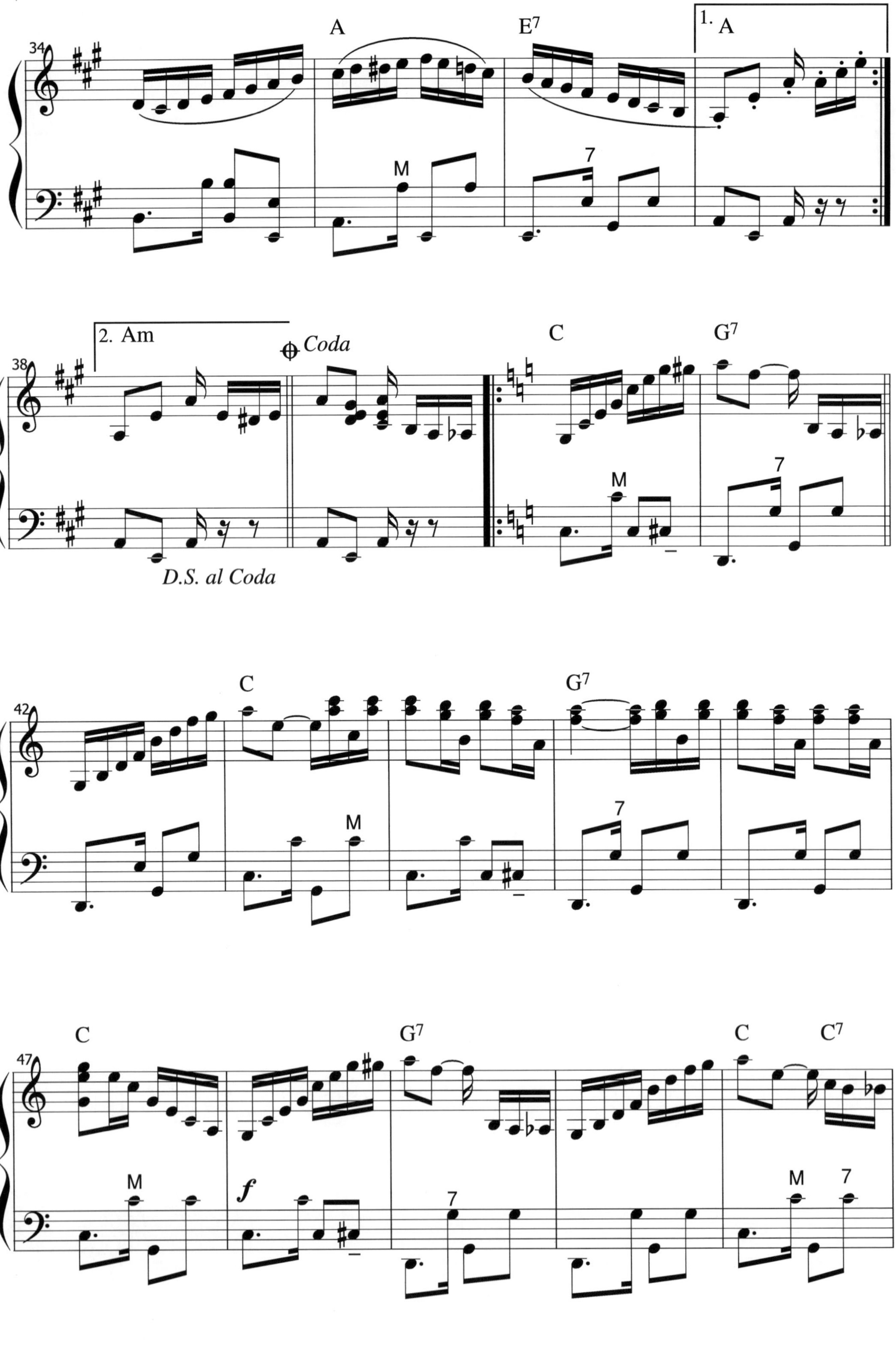
A
E7
1. A
2. Am
Coda
C
G7
D.S. al Coda
C
G7
C
G7
C
C7

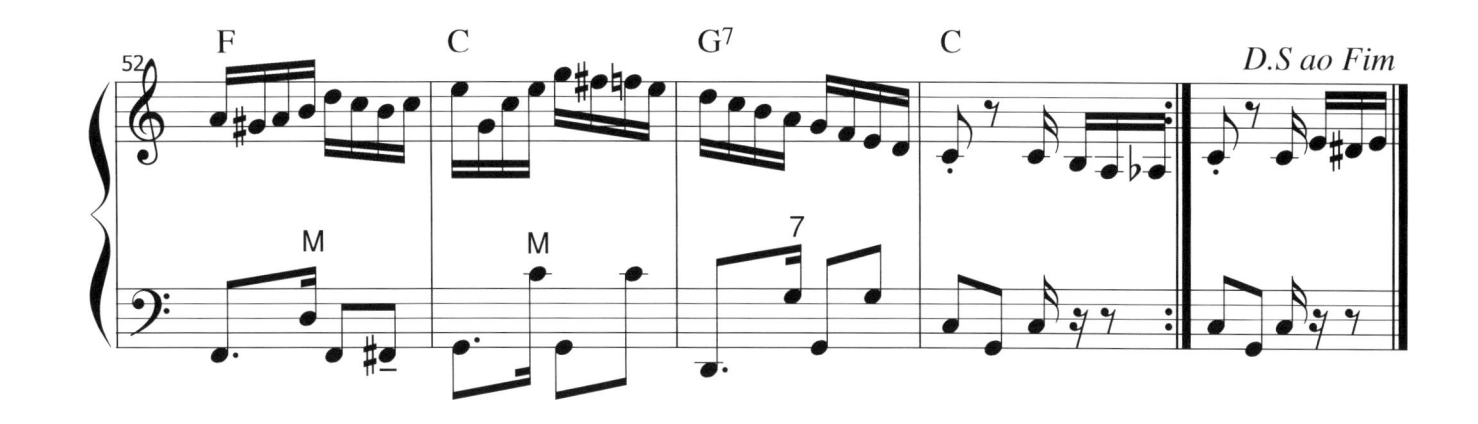

1º PARTE
Um tico-tico só,
Um tico-tico lá,
Está comendo
Todo, todo meu fubá.

Olha, Seu Nicolau,
Que o fubá se vai,
Pego no meu pica-pau
E um tiro sai.

Coitado...
Então eu tenho pena
Do susto que levou
E uma cuia se ia,
Mais fubá eu dou.

Alegre já,
Voando, piando,
Meu fubá, meu fubá,
Saltando de lá pra cá.

2º PARTE (DECLAMADO)
Tico-tico engraçadinho
Que está sempre a piar,
Vá fazer o teu ninho
E terás assim um lar.

Procure uma companheira
Que eu te garanto o fubá,
De papada sempre cheia
Não acharás a vida má.

3º PARTE
Houve um dia lá
Que ele não voltou,
E seu gostoso fubá
O vento levou.

Triste fiquei,
Quase chorei,
Mas então vi
Logo depois,
Já não eram um,
Mas sim já dois.

Quero contar baixinho
A vida dos dois,
Tiveram seu ninho
E filhotinhos depois.

Todos agora
Pulam ali,
Saltam aqui,
Comendo sempre o fubá
Saltando de lá para cá.

Velho Romance
Bolero

Arranjo p/ acordeom: Prof. Roberto Bueno

Mário Gennari Filho

♩ = 60

S.B.

F⁷   A

Gm   F#⁷   Em   Bm

Copyright © 1953 by Irmãos Vitale S.A. Indústria e Comércio (100%).

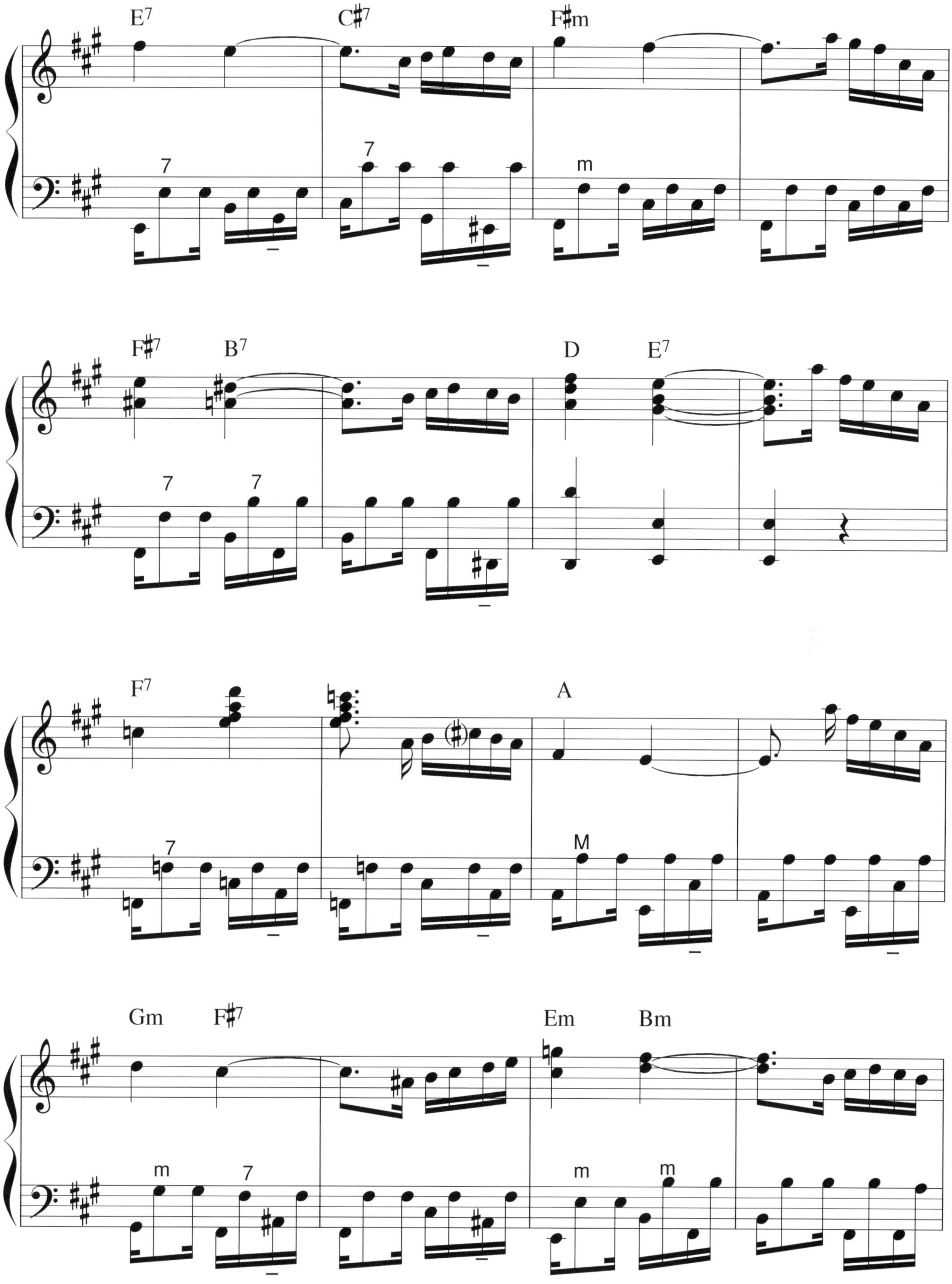
E7
C♯7
F♯m
7
7
m
F♯7
B7
D
E7
7
7
F7
A
7
M
Gm
F♯7
Em
Bm
m
7
m
m

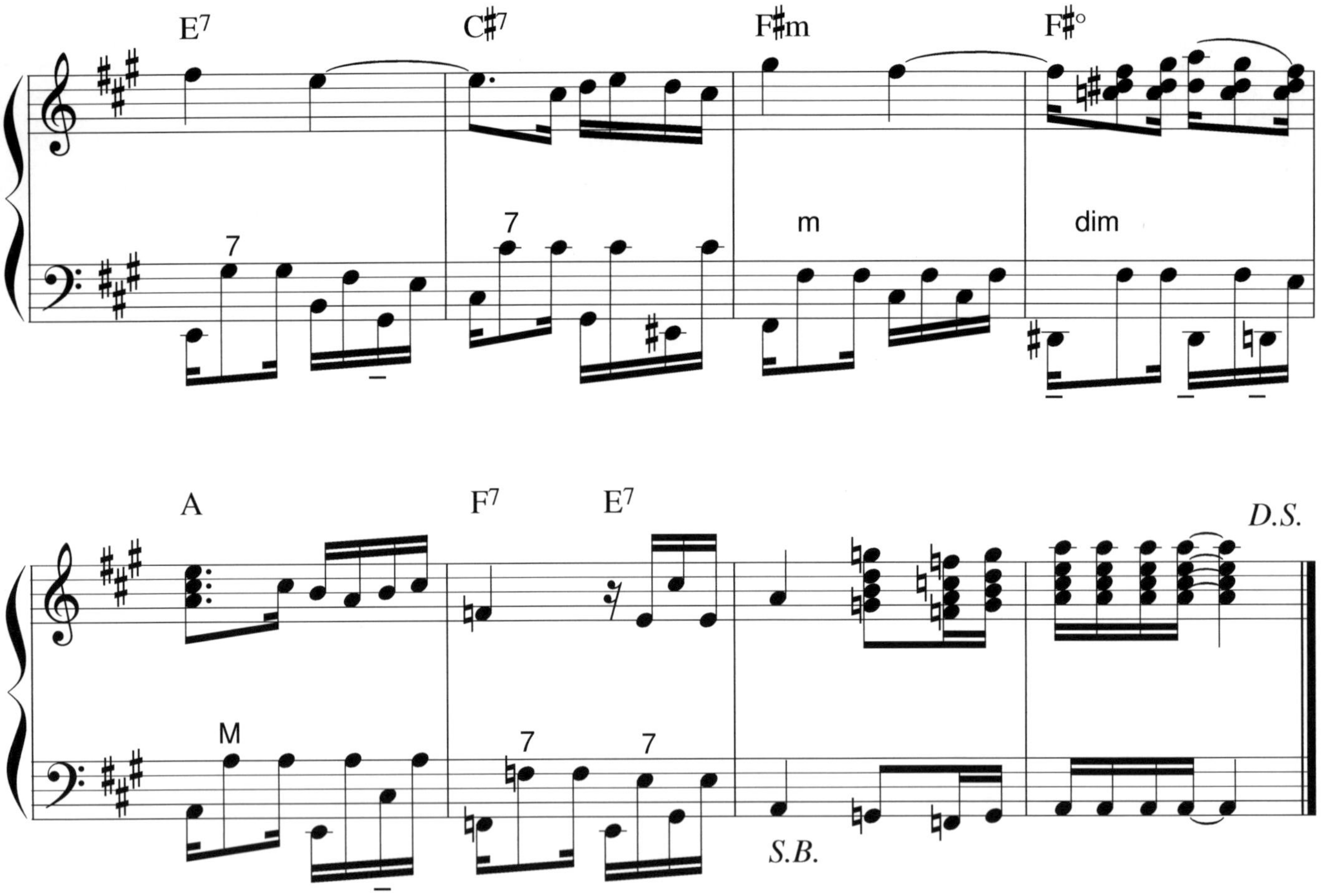
E7
C♯7
F♯m
F♯°
7
7
m
dim
A
F7
E7
D.S.
M
7
7
S.B.

Zingara
Bolero

Arranjo p/ acordeom: Prof. Roberto Bueno

Joubert de Carvalho e Olegário Mariano

Copyright © 1959 by Irmãos Vitale S.A. Indústria e Comércio (100%).

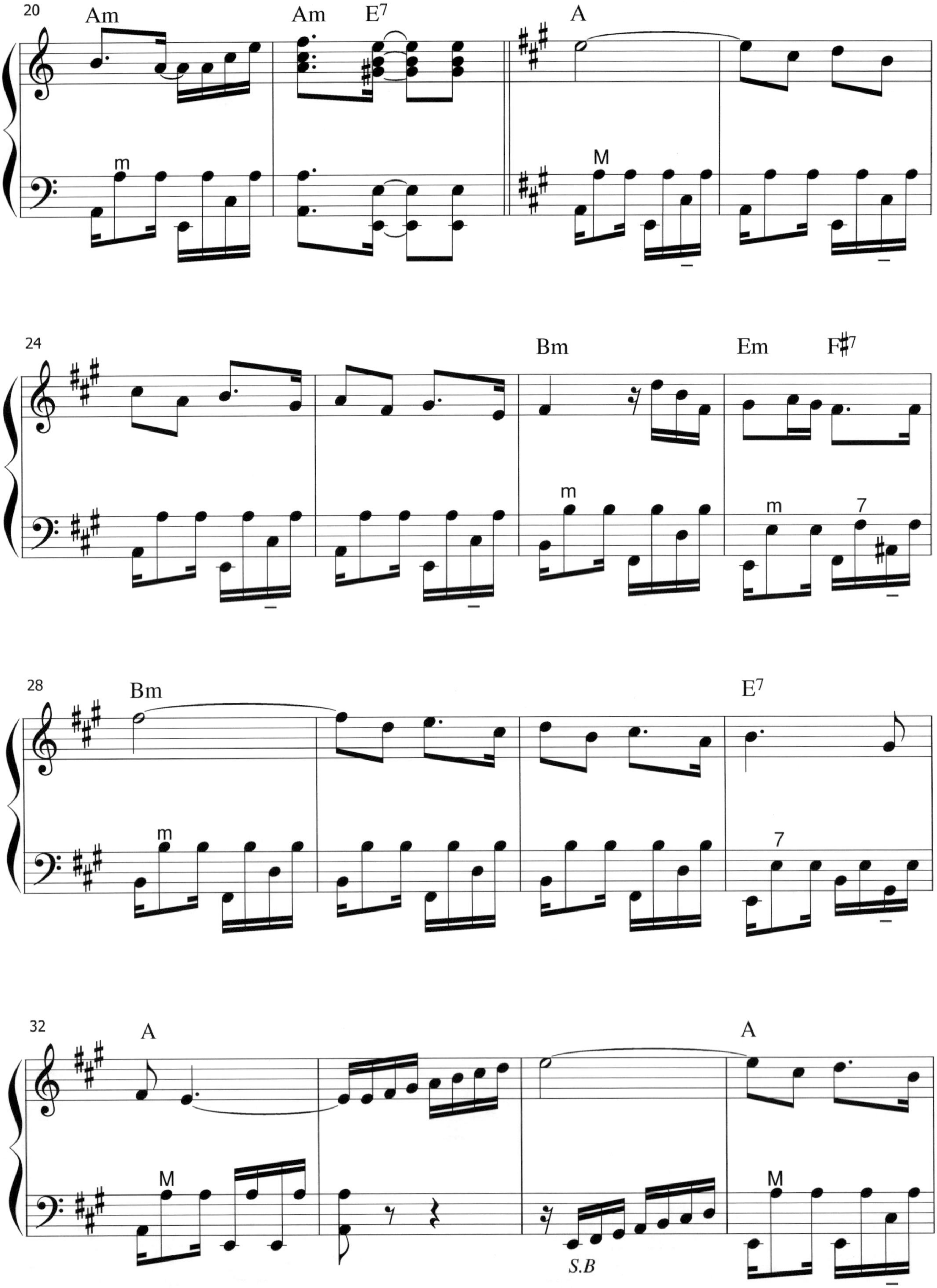
20
Am
Am E7
A
m
M
24
Bm
Em F#7
m
m 7
28
Bm
E7
m
7
32
A
A
M
M
S.B

Vem, oh cigana bonita
Ler o meu destino
Que mistérios tem

Tu, com esses olhos, acaso,
De quem vê o amor da gente
Põe nas minhas mãos
O teu olhar ardente
E procura desvendar no meu
Segredo
A dor, cigana, do meu amor

Mas, nunca digas, oh zíngara
Que ilusão me espera
Qual o meu futuro

Só aquela por quem vou vivendo
Assim à toa
Tu dirás se a sorte será má ou
boa
Para que ela venha consolar-me
Um dia
A dor, cigana, do meu amor